D1146168

Leer jezelf SNEL...

Windows 8

Leer jezelf SNEL...

Windows 8

Bob van Duuren

VAN
DUUREN
INFORMATICA

Culemborg

ISBN: 978-90-5940-595-0

NUR: 985

Trefw.: Windows 8, besturingsprogramma

Omslag: Artifex Graphics, Roosendaal

Vormgeving: Saenvisie Text & Design, Tweede Exloërmond

Opmaak: Van Duuren Media, Culemborg

Druk: Indice S.L., Barcelona (E)

Eerste druk: oktober 2012

Dit boek is gezet met Corel VENTURA™ 10.

Dit boek is gedrukt op een papiersoort die niet met chloorhoudende chemicaliën is gebleekt. Hierdoor is de productie van dit boek minder belastend voor het milieu.

Registreer uw boek!

Van Duuren Media biedt haar lezers een unieke service. Op de vernieuwde website **www.vanduurenmedia.nl** kunt u dit boek kosteloos registreren. Na registratie:

- ontvangt u regelmatig onze nieuwsbrief/nieuwsflits met relevante informatie op uw interessegebied, informatie over downloads, kortingsacties, (auteurs)presentaties, nieuwe uitgaven en meer;

- krijgt u een maand lang gratis toegang tot de elektronische versie van dit boek op Yindo;

- maakt u vier keer per jaar kans op een gratis boekenpakket.

Om te registreren:

1 Ga naar **www.vanduurenmedia.nl**.

2 Klik op **Registreer!**

Registratiecode van deze titel: **LJS-4433-9**

Sociale media

Van Duuren Media biedt haar lezers aanvullende service en fora via verschillende socialemediakanalen. U vindt ons op Twitter, Facebook, LinkedIn en Diigo:

 Op Twitter: volg ons via **@VanDuurenMedia**

 Op Facebook: **www.facebook.com/vanduurenmedia**

 Op LinkedIn: **www.linkedin.com/company/van-duuren-media**

 Op Diigo: **groups.diigo.com/group/van-duuren-media**

Yindo

Ontdek de voordelen van digitaal lezen op Yindo

Op Yindo vindt u digitale boeken van verschillende uitgeverijen, waaronder Van Duuren Media; deze zijn tegen betaling in te zien.

Enkele voordelen van Yindo:

- u kunt u boeken permanent of tijdelijk aanschaffen
- met de zoekfunctie doorzoekt u een boek op onderwerp of trefwoord
- u leest de boeken op uw computer – geen e-reader vereist
- het aanbod omvat leverbare en niet meer leverbare boeken

Kijk voor meer informatie op **www.vanduurenmedia.nl/yindo**

Inhoud

Hoofdstuk 1

Welkom bij Windows 8

In dit hoofdstuk maakt u kennis met Windows 8. U leert wat u
ermee kunt, welke edities beschikbaar zijn, wat de belangrijkste
verbeteringen ten opzichte van eerdere versies zijn en we staan
kort stil bij de eisen waaraan uw computer moet voldoen om
Windows 8 te kunnen gebruiken.

■ Wat is Windows 8?

Windows 8 is de opvolger van Windows 7, een van de meest gebruikte
besturingssystemen ter wereld. Een besturingssysteem is een basis-
programma dat op de computer of tablet wordt geplaatst, zodat u met
het apparaat kunt werken. Andere besturingssystemen zijn bijvoorbeeld
Linux, Mac OS X en Android. Windows draait echter op het merendeel
van de (thuis)computers en Windows 8 is de meest recente, in het najaar
van 2012 uitgekomen versie daarvan.

Voor computers en tablets

Met de introductie van de iPad door Apple is de markt voor computers
uitgebreid met een type apparaat dat de wereld stormenderhand heeft
veroverd: de tablet. Windows 8 is de eerste versie van Windows die
speciaal is ontworpen om ook op tablets gebruikt te kunnen worden. Of,
zo u wilt, op netbooks, notebooks en desktops met een aanraakinterface
(een zogeheten touch device). In dit boek staan we dus ook stil bij de
specifieke eigenschappen voor dit soort aanraakgevoelige apparaten,
maar de speciale, alleen voor tablets bedoelde (en uitgeklede) versie van
Windows 8, Windows RT geheten, blijft buiten beschouwing – in dit
boek komt de volledige Windows 8 aan de orde, die ook het oude, vertrouwde bureaublad bevat en nog steeds normaal met muis en toetsenbord kan worden bediend.

Afbeelding 1.1
Windows 8 kent een volledig nieuw startscherm, maar bevat ook het vertrouwde bureaublad.

 ## Wat doet een besturingssysteem?

Een besturingssysteem maakt het mogelijk dat u de computer of tablet kunt bedienen en dat u er *toepassingen* of *programma's* (tegenwoordig doorgaans *apps* genoemd) op kunt uitvoeren. Toepassingen zijn bijvoorbeeld een tekstverwerker en een fotobeheerprogramma. Windows 8 wordt geleverd met veel basisfunctionaliteit die u bovendien eenvoudig kunt uitbreiden, zoals u in de loop van dit boek zult merken.

Grof gesteld valt de functie van een besturingssysteem in de volgende twee hoofdtaken uiteen:

- Het werken met documenten.

- Het starten en onderhouden van toepassingen

Werken met documenten

Windows 8 biedt vele mogelijkheden om met documenten te werken (denk aan het geven van een goede naam aan een document, het kunnen terugvinden ervan of het toekennen van een waardering aan een document), vandaar dat we daar in dit boek uitgebreid bij stilstaan. Wanneer we het hebben over documenten, kunt u denken aan:

- foto's die u met een digitale camera hebt gemaakt of die u hebt gescand;

- muziek die u van cd hebt gekopieerd of van internet hebt gedownload;

- videofilms die u van internet hebt gekopieerd of met een eigen camera hebt opgenomen;

- brieven aan vrienden, relaties, familie of de Belastingdienst;

- rapporten, verslagen, opstellen, presentaties enzovoort;

- webpagina's die u hebt gelezen en hebt opgeslagen;

- e-mailberichten die u hebt ontvangen en verzonden.

Met de komst van zeer grote vaste schijven van honderden gigabytes tot meerdere teerabytes waar u miljoenen en miljoenen documenten op kunt opslaan (en kunt kwijtraken!) is het derhalve geen overbodige luxe dat Windows 8 voorzien is van handige hulpmiddelen om uw documentenstroom in goede banen te leiden en te ordenen.

■ **Afbeelding 1.2**

Documenten zijn te bewaren, te beheren en teug te vinden!

Starten en onderhouden van toepassingen

Alhoewel Windows 8 behoorlijk compleet is, zult u regelmatig nieuwe programma's (of toepassingen) willen toevoegen. In jargon: u zult software willen installeren. Deze programma's koopt u in de Windows Store, de (web)winkel (bijvoorbeeld een programma voor fotobewerking zoals Paint Shop Pro Photo of Photoshop Elements) of downloadt u van internet (zoals Mozilla Firefox, een programma om op internet te surfen). Blijkt later dat een app of programma niet aan uw wensen voldoet, dan wilt u de installatie waarschijnlijk ook weer ongedaan maken. Ook dat zijn taken van Windows 8: het kunnen installeren en verwijderen van programma's, en uiteraard het kunnen starten ervan.

Afbeelding 1.3
Het startscherm met apps en programma's.

App of programma?

Tot niet zo lang geleden was de gangbare naam voor software ook wel programma's. Met de komst van de iPad, die de term App Store introduceerde, is *app* een ingeburgerde term geworden (kort voor *application*). In Windows wordt de term app voornamelijk gebruikt voor programma's die via de Windows Store worden gedownload, en een overzichtelijke en vaak eenduidige schermindeling kennen (daar wordt later in dit boek uitgebreid op ingegaan). De term programma wordt voornamelijk gebruikt voor software die in de bureaubladomgeving werkt. Word is dus een programma, Buienradar is een app.

Verschillende uitvoeringen

Windows 8 wordt in verschillende uitvoeringen geleverd. Dit boekje gaat uit van de basisversie, die gewoon Windows 8 heet. Andere versies zijn:

Windows 8 Pro Dit is een zakelijke editie van Windows 8 die bedoeld is voor zowel kleine als grote bedrijven.

Windows 8 Enterprise Deze versie voor grootzakelijke omgevingen bevat extra functionaliteit voor eenvoudige inzet door systeembeheerders.

Windows RT Deze 'uitgeklede' versie van Windows 8 is speciaal bedoeld voor tablets en zal voorgeïnstalleerd beschikbaar zijn. Deze versie ontbeert het traditionele bureaublad en zal ook niet in staat zijn bestaande Windows-programma's te draaien.

De kans is zeer groot dat u over de basisversie beschikt. Is uw computer voorzien van Windows 8 Pro, dan hoeft u niet naar de winkel terug te rennen om dit boek in te ruilen, want alles wat u in dit boek leest is ook op de Pro-editie van toepassing. Gebruikt u Windows 8 Enterprise, dan zult u merken dat nagenoeg alles wat u in dit boek leest ook voor u van toepassing is.

Indeling van dit boek

Nu we het er toch over hebben: wat kunt u in dit boek verwachten? We beginnen simpel en maken eerst kennis met Windows, waarna de basishandelingen (programma's installeren; werken met mappen, bibliotheken en documenten) worden besproken. Later kijken we naar de bij Windows 8 geleverde apps en passen we Windows 8 aan onze eigen wensen aan. Daarna wordt het wat 'steviger' en gaan we onder andere aan de slag met internet. De tabel hierna geeft het complete overzicht.

Hoofdstuk	Behandelt
Hoofdstuk 2	De gebruikersomgeving: u maakt kennis met de interface (gebruikersomgeving) van Windows 8 en leert waar uw documenten worden opgeslagen.
Hoofdstuk 3	Programma's beheren: al vrij snel in het boek laten we u zien hoe u zelf programma's en apps installeert en uitvoert.
Hoofdstuk 4	Bestanden, bibliotheken en mappen: dit zijn – naast programma's – de belangrijkste componenten van Windows 8. In hoofdstuk 4 komen ze uitgebreid aan de orde.
Hoofdstuk 5	Basisvoorzieningen: in dit hoofdstuk maakt u kennis met enkele basisapps in Windows 8.

Hoofdstuk 6	Het uiterlijk aanpassen: zo veel mensen, zo veel wensen. Vandaar dat u Windows 8 in zeer hoge mate kunt aanpassen aan uw persoonlijke voorkeur. In dit hoofdstuk leest u wat de mogelijkheden zijn.
Hoofdstuk 7	De computer delen: met Windows 8 kunt u de computer prima met anderen delen. U leest hier over de thuisgroep, gebruikersaccounts, openbare mappen en Family Safety (voorheen ouderlijk toezicht).
Hoofdstuk 8	Windows 8 en internet: dit hoofdstuk helpt u bij het opzetten van een internetverbinding en het werken met Internet Explorer.
Hoofdstuk 9	Beveiliging en updates: het beveiligen van uw computer is een belangrijke stap in de strijd tegen aanvallen, virussen en spyware. Dit hoofdstuk geeft een overzicht en behandelt tevens Windows Update.
Hoofdstuk 10	Multimedia: Windows 8 beschikt over Windows Media Player waarmee u films en muziek afspeelt. Dit hoofdstuk laat zien wat de mogelijkheden zijn.
Hoofdstuk 11	Afdrukken en faxen: lees dit hoofdstuk om te weten te komen hoe u een printer installeert en gebruikt en hoe u vanuit Windows 8 via een faxmodem een fax kunt versturen.

■ Het nieuwe startscherm

Mocht u al ervaring hebben met Windows 7 of een eerdere versie van Windows, dan zal een eerste blik op Windows 8 u ongetwijfeld met de ogen doen knipperen. Geen vertrouwd bureaublad en geen menu Start; slechts een scherm met vierkantjes en rechthoekjes is wat u tot uw beschikking lijkt te hebben.

■ **Afbeelding 1.4**
Welkom bij Windows 8.

Om het nieuwe uiterlijk van Windows 8 snel in de vingers te krijgen, kunt u zich het best realiseren dat het nieuwe startscherm het oude menu Start *vervangt*. Vanuit het nieuwe startscherm zoekt u bestanden, start u apps of programma's en wijzigt u instellingen. Uiteraard kunt u de indeling van het startscherm aanpassen, en kunt u bepaalde apps en programma's eenvoudig zichtbaar maken, onzichtbaar maken en groeperen. En het starten van een toepassing is helemaal eenvoudig: tik of klik erop.

▓ Afbeelding 1.5
Twee apps op het scherm.

Met andere woorden: tikken of klikken op een vlakje (tegel) start een toepassing. De tegel met de vinger een klein stukje naar beneden vegen selecteert hem (met de muis: klik met de rechtermuisknop). Zodra u dat doet, ziet u een andere nieuwigheid van Windows 8: de appbalk, wellicht nog het best te vergelijken met het rechtermuisknopmenu. De balk is in veel apps ook te openen door vanuit de onderkant van het scherm met de vinger naar boven te vegen.

▓ Afbeelding 1.6
De appbalk.

Vegen, tikken, klikken...

Ten tijde van het schrijven van dit boek is er nog weinig Windows 8-hardware beschikbaar die via aanraken wordt bediend, maar dat zal – met de komst van nieuwe beeldschermen en tablets – ongetwijfeld zeer snel wijzigen. Uiteraard komen de verschillende bedienings-mogelijkheden in dit boek aan de orde.

■Toegang tot het bureaublad

Bent u een ervaren Windows-gebruiker en werkt u graag vanuit de bureaubladomgeving, dan is er geen man overboord. De tegel Bureau-blad brengt u precies waar u wilt zijn: op het bureaublad. Uiteraard biedt Windows daar ook een sneltoetscombinatie voor: druk op de toets met het Windows-logo en druk tegelijkertijd op de D. In dit boek schrijven we zo'n toetscombinatie als Win+D.

■**Afbeelding 1.7**
De tegel Bureaublad.

Terugkeren naar het startscherm is zo mogelijk nog eenvoudiger: druk op de toets met het Windows-logo. Gebruikt u liever de muis, beweeg deze dan naar linksonder en klik op het pictogram van het startscherm dat verschijnt.

■**Afbeelding 1.8**
Het pictogram van het startscherm.

Op een apparaat zonder toetsenbord of muis veegt u vanaf de rechter-kant van het scherm een stukje naar het midden; hierop verschijnt de nieuwe charmbalk. Tik op het pictogram **Start** in het midden van de balk om het startscherm te openen.

Het is dus even een weetje, maar áls u het dan weet, dan wordt het snel een tweede natuur.

Systeemeisen

Alhoewel er bij het verschijnen van een nieuw besturingssysteem al snel wordt verwacht dat er massaal nieuwe computers gekocht moeten worden, valt dat bij Windows 8 alleszins mee. Uiteraard zult u – om het meeste uit Windows 8 te kunnen halen – wel wat nieuwe zaken willen of moeten aanschaffen, maar is uw bestaande computer niet meer dan een paar jaar oud, dan is de kans groot dat u Windows 8 zonder problemen kunt draaien. Gebruikt u momenteel Windows Vista of Windows 7, dan zal de overstap naar Windows 8 hoogstwaarschijnlijk weinig problemen met zich meebrengen. Let wel: we spreken dan over een machine die u *minimaal* nodig hebt. Zo'n computer heeft de volgende specificaties:

■ een recente processor (minimaal 1 GHz, 32- of 64-bits)

■ 1 GB systeemgeheugen voor de 32-bitsvers, 2 GB voor de 64-bits-versie

■ een grafische processor die geschikt is voor DirectX 9 of hoger

■ een vaste schijf met 16 GB vrije ruimte (32-bits) of 20 GB vrije ruimte 64-bits)

Wilt u het meeste uit Windows 8 halen, dan zijn de systeemeisen uiteraard wat zwaarder.

Geheugenlimiet

Let op: De 32-bitsversie van Windows 8 kan maximaal 3 GB geheugen adresseren. Heeft uw computer 4 GB geheugen of meer, dan zal een deel dus ongebruikt blijven. U kunt dit voorkomen door de 64-bits-verse van Windows 8 te installeren.

Een woordje over Help

Hopelijk hebt u – wanneer u dit boekje uit hebt – niet al te veel vragen meer over het gebruik van Windows 8. Toch is het goed om te weten dat hulp altijd snel bereikbaar is; zowel Windows 8 als de meeste programma's bieden een hulpfunctie (in Windows nog altijd 'Help' genaamd, overigens) onder de toets F1, die u linksboven op het toetsenbord vindt. Deze hulpfunctie is contextgevoelig, wat inhoudt dat de hulp die verschijnt afhankelijk is van waar u mee bezig bent. Er is echter ook een algemeen hulpsysteem voor Windows 8, dat u opent door – in het startscherm – het woord Help te typen. Windows opent direct het zoekvenster, en selecteert het onderdeel **Help en ondersteuning** voor u. Een klik of tik doet de rest.

Snel toegang tot Help

Vooruitlopend op het volgende hoofdstuk hebben we alvast een tip: klik met de rechtermuisknop op het gevonden onderdeel **Help en ondersteuning** om de appbalk te openen. Selecteer de opdracht **Vastmaken aan Start** om een rechtstreekse koppeling naar de helpinformatie op het startscherm te maken (u maakt hiermee een snelkoppeling). Opent u nu het startscherm weer (Windows-toets!), dan ziet u de tegel **Help en ondersteuning** geheel rechts verschijnen (schuiven of naar links vegen kan noodzakelijk zijn).

■ **Afbeelding 1.9**
Het maken van een nieuwe tegel is zeer eenvoudig.

Opties voor hulp

Vanuit het hoofdvenster van Help en ondersteuning hebt u verschillende opties om hulp te verkrijgen. Zo hebt u via de startpagina snel toegang tot de volgende handleidingen:

■ Aan de slag

■ Internet en netwerken

■ Beveiliging, privacy en accounts

Klik op de gewenste tekst om de informatie zichtbaar te maken.

 Help is dynamisch

Microsoft past de informatie in het helpsysteem regelmatig aan. Het bovenstaande overzicht kan er in uw versie derhalve iets anders uitzien.

Meer opties

Wanneer u de gewenste informatie niet direct kunt terugvinden, kunt u uiteraard ook gebruikmaken van de zoekmogelijkheden die Windows 8 biedt. Wilt u bijvoorbeeld meer weten over Family Safety, dan gaat u als volgt te werk:

1 Klik in het venster Help en ondersteuning in het tekstvak bovenin (naast het vergrootglas) en typ uw zoekterm; in dit geval typt u safety.

2 Druk op Enter op het toetsenbord of klik op het vergrootglas.

3 Er verschijnt een lijst met onderwerpen. Klik op het gewenste onderwerp om de informatie daarover te lezen.

 Nog meer informatie

Let erop dat sommige informatie 'verkort' wordt weergegeven; de tekst is dan afwijkend gekleurd; bovendien verschijnt er een lijn onder de tekst als u de aanwijzer over de tekst beweegt. Klik op dat moment op de gewenste tekst om de verborgen informatie weer te geven. Klik op de tekst **Alles weergeven** om alle verborgen informatie te tonen.

set up Family Safety, you'll need an administrator account. Before
has a standard user account—Family Safety can be applied only t
Create a user account and Why use a standard account instead o

Alles weergeven

> To set up a new child's account

> To turn on Family Safety for an existing child's account

Afbeelding 1.10
Hier is meer informatie aanwezig.

Naast de mogelijkheid om verborgen informatie weer te geven, bieden hulppagina's vaak de mogelijkheid om andere pagina's weer te geven. Dit is vergelijkbaar met koppelingen zoals u die ongetwijfeld van internetpagina's kent. Klik op een onderstreepte tekst om een andere pagina weer te geven, op dezelfde wijze als u een andere webpagina in uw webbrowser opent. Op dat moment worden ook de knoppen **Vorige** en **Volgende** actief, zodat u terug (en weer vooruit) kunt bladeren.

Afbeelding 1.11
De knoppen Vorige en Volgende.

Tot slot van deze paragraaf melden we u nog hoe u informatie uit het hulpsysteem kunt afdrukken. Wanneer u de gewenste informatie hebt gevonden doet u het volgende:

1 Klik op het pictogram **Afdrukken** boven in het venster Help en ondersteuning.

2 Klik in het venster Afdrukken dat verschijnt op **Afdrukken**.

Hoofdstuk 2

De gebruikers- omgeving

Werken met de computer en Windows 8 doet u via de zogeheten gebruikersomgeving, het gedeelte dat u op uw (computer)beeld- scherm ziet. Via de gebruikersomgeving start u programma's, zoekt en bewerkt u documenten, kijkt u film of video en luistert u naar muziek. Vandaar dat het handig is om een beetje de weg te weten. Dit hoofdstuk maakt daar een begin mee.

■ Het nieuwe startscherm

Zoals in het vorige hoofdstuk is gemeld, ziet Windows 8 er compleet anders uit dan alle voorgangers. Dat heeft te maken met het feit dat het oude menu Start is vervangen door een compleet nieuw startscherm, van waaruit u toepassingen start, bestanden zoekt, foto's bekijkt, muziek luis- tert, e-mail leest enzovoort. Vandaar dat dit hoofdstuk grofweg in twee delen uiteen valt. In het eerste deel nemen we het nieuwe startscherm onder de loep, en staan we ook stil bij de bediening middels een aan- raakscherm.

Heel veel tegeltjes

Het eerste wat opvalt, is dat het startscherm in Windows een verzameling tegeltjes bevat. Deze tegels kunnen vierkant of langwerpig zijn, en sta- tisch of dynamisch (in dat laatste geval wordt gesproken van een *live-tegel* en kan er wisselende informatie in de tegel verschijnen, zoals de inhoud van een laatste Facebook-update). Waarschijnlijk zijn niet alle tegels zichtbaar; om het overige aanbod te zien gebruikt u een van de volgende technieken:

■ Aanraakscherm: veeg met een vinger naar links over het scherm; de tegeltjes ter rechterzijde worden zichtbaar.

Afbeelding 2.1
Schuiven naar andere tegels op het scherm.

■ Toetsenbord: gebruik de pijltoetsen, of de toetsen Home, End, PgUp en PgDn om door de verzameling tegels te navigeren.

■ Muis: beweeg de muis naar de rechterkant van het scherm – op een gegeven moment verschuift de inhoud vanzelf (muisknop indrukken is niet nodig). Of beweeg de muis naar onderen en versleep de schuif-balk die verschijnt: plaats de muisaanwijzer op het grijze deel, druk de linkermuisknop in en sleep de muis naar rechts.

In- en uitzoomen

Staan er veel tegels op het startscherm, dan biedt Windows de mogelijk-heid om uit te zoomen. Dit wordt semantisch zoomen genoemd, en dit is een techniek die ook in veel apps wordt gebruikt. Semantisch uitzoomen kan op verschillende manieren:

■ Aanraakscherm: plaats twee vingers op het scherm en beweeg die naar elkaar toe (knijpbeweging).

■ Toetsenbord: houd de Ctrl-toets ingedrukt en druk op de mintoets.

■ Muis: beweeg de muiswijzer naar rechtsonder en klik op het picto-gram met het minteken, rechts van de schuifbalk.

De tegeltjes worden verkleind, zodat u een uitgebreider overzicht krijgt.

Afbeelding 2.2
Uitzoomen in het startscherm.

Uiteraard kan er ook weer worden ingezoomd:

- Aanraakscherm: plaats twee vingers op het scherm en beweeg ze van elkaar af.
- Toetsenbord: houd de Ctrl-toets ingedrukt en druk op de plustoets.
- Muis: klik ergens op een lege plek in het scherm.

Nog meer tegels

In het vorige hoofdstuk is al een tipje van de sluier opgelicht: het rechter-muisknopmenu is in Windows 8 vervangen door een appbalk. Beschikt uw apparaat over een aanraakscherm, dan is deze balk te openen door vanaf de onderkant van het scherm naar boven te vegen. Met de muis kunt u de balk openen door met de rechtermuisknop te klikken, en met het toetsenbord door op de toets voor het lokale menu te klikken (meest-al naast de rechter-Ctrl-toets).

Wanneer u in het startscherm de appbalk opent (dus: ergens rechtsklik-ken, vanuit de onderkant vegen of op de toets voor het lokale menu drukken), dan ziet u geheel rechts de knop **Alle apps**. Klik of tik hierop om het aantal weergegeven tegels fors uit te breiden.

De optie **Alle apps** toont u ook de apps en programma's die niet expli-ciet aan het startscherm zijn toegevoegd. U kunt dat zo laten, maar u kunt ook van de gelegenheid gebruikmaken om toepassingen die u zelf

■ **Afbeelding 2.3**
Alle apps weergeven.

graag snel onder handbereik hebt, aan het startscherm vast te maken. Dat gaat als volgt:

1 Zorg dat de app die u aan het reguliere startscherm wilt vastmaken zichtbaar is; gebruik hiervoor de technieken die zojuist zijn behandeld.

2 Selecteer de gewenste app door een van de volgende handelingen uit te voeren:

■ Aanraakscherm: sleep de gewenste app een klein stukje naar beneden.

■ Muis: klik er met de rechtermuisknop op.

■ Toetsenbord: gebruik de pijltoetsen om de gewenste app te selecteren en druk op de spatiebalk.

3 Selecteer de opdracht **Vastmaken aan Start**, op een van de volgende manieren:

■ Aanraakscherm: tik op de opdracht **Vastmaken aan Start**.

■ **Afbeelding 2.4**
Een tegel vastmaken aan het startscherm.

- Muis: klik op de opdracht **Vastmaken aan Start**.

- Toetsenbord: druk op Tab om de opdrachten in de appbalk te selecteren en gebruik de pijltoetsen om de opdracht **Vastmaken aan Start** te selecteren. Druk vervolgens op de spatiebalk of op Enter.

Er lijkt niet veel te gebeuren, maar als u de appbalk nu weer zichtbaar maakt en nogmaals op **Alle aps** klikt (of druk eenvoudig op de Windows-toets), dan zult u zien dat een tegel van de door u geselecteerde app aan het startscherm is toegevoegd (deze staat helemaal rechts, dus druk op End om daar snel naartoe te navigeren).

De Windows-toets is handig!

Gebruik de Windows-toets om snel het startscherm te activeren. Druk nogmaals op de Windows-toets om de laatst geactiveerde app opnieuw te activeren. Hebt u een tablet of aanraakscherm? Veeg dan vanaf de rechterkant van het scherm om de charmbalk te openen; het pictogram Start heeft dezelfde functie als de Windows-toets.

Afbeelding 2.5
De charmbalk aan de rechterkant is altijd beschikbaar in Windows 8. Veeg vanaf de rechterrand van het scherm om deze te openen, of druk op Win+C. Met de muis kan het ook: beweeg die naar de rechteronderhoek van het scherm.

Het startscherm inrichten

Zoals u in de vorige paragraaf hebt geleerd, is het niet erg ingewikkeld om tegels aan het startscherm toe te voegen. Echter, de nieuwe tegels worden ongetwijfeld niet geplaatst op de locatie die u direct handig vindt. Vandaar dat Windows 8 u de mogelijkheid biedt om de positie van de tegels aan te passen. Verder kunt u tegels groeperen en naar keuze groot of klein weergeven.

Tegels verplaatsen

De meest voor de hand liggende handeling is het verplaatsen van een tegel. Stel dat de tegel Help en ondersteuning, die eerder aan het startscherm is toegevoegd, nog steeds helemaal rechts staat, en u wilt die graag op een meer prominente plek plaatsen. Het volstaat dan om de tegel op te pakken en elders neer te zetten. Dat gaat als volgt:

- Muis: zet de muiswijzer op de gewenste tegel, druk de linkermuisknop in en houd deze ingedrukt, en beweeg de muis naar de gewenste locatie. U ziet op het scherm dat de tegels plaats maken voor de tegel die u aan het verslepen bent. Laat de muisknop los zodra u de gewenste locatie hebt bereikt.

- Aanraakscherm: plaats uw vinger op de gewenste tegel en veeg omhoog of omlaag; de tegel 'springt' los van zijn locatie. U kunt nu alle kanten op slepen, en ziet op het scherm dat de tegels plaats maken voor de tegel die u aan het verslepen bent. Haal uw vinger weg zodra u de gewenste locatie hebt bereikt.

Afbeelding 2.6
Tegels verplaatsen is niet erg ingewikkeld.

Tegels aanpassen

Het zal u ongetwijfeld zijn opgevallen dat sommige tegels meer ruimte innemen dan andere. Wanneer u het startscherm naar eigen wens wilt inrichten, dan kan het zijn dat u het formaat van sommige tegels wilt aanpassen. Daarnaast ziet u dat sommige tegels 'live' informatie doorgeven; dit worden dan ook live-tegels genoemd. Voor deze tegels kunt u aangeven of de live-informatie ook daadwerkelijk wordt getoond.

Om het formaat van een tegel te wijzigen, gaat u als volgt te werk:

1 Selecteer de tegel met muis (rechtsklikken), vinger (kort omlaag vegen) of toetsenbord (pijltoetsen en spatiebalk). De appbalk verschijnt.

2 Selecteer een van de volgende opdrachten (indien beschikbaar):

▓ **Groter**   Deze opdracht maakt een tegel twee keer zo breed.

▓ **Kleiner**   Deze opdracht maakt een tegel half zo breed.

▓ **Live-tegel uitschakelen**   Deze opdracht voorkomt dat de tegel live wordt aangepast.

▓ **Live-tegel inschakelen**   Deze opdracht schakelt de live-informatie op de tegel in.

▓ **Afbeelding 2.7**
Kleinere tegels.

U kunt deze handelingen altijd weer ongedaan maken door de overeenkomstige 'tegenopdracht' te selecteren.

Zodra de appbalk verschijnt ziet u overigens ook nog een of meer andere opdrachten. Tot de mogelijke opdrachten behoren:

▓ **Losmaken van Start**   Deze opdracht verwijdert een snelkoppeling (tegel) weer van het startscherm. Via de optie **Alle apps** kunt u de snelkoppeling altijd weer terugzetten.

▓ **Installatie ongedaan maken**   Deze opdracht verwijdert een app van de vaste schijf op uw computer, zodat deze niet meer is te gebruiken. U zult de app dan opnieuw moeten aanschaffen en/of installeren. U kunt de installatie van een app ongedaan maken indien u de app bij nader inzien toch nooit gebruikt.

▓ **Aan taakbalk vastmaken**   Deze opdracht plaatst een snelkoppeling in de taakbalk van het bureaublad, waarover later in dit hoofdstuk meer is te lezen.

■ **Bestandslocatie openen**   Deze opdracht opent het (reguliere) Windows-venster waarin de snelkoppeling achter deze tegel zich bevindt.

■ **Uitvoeren als Administrator**   Deze opdracht voert de geselecteerde app uit met beheerdersrechten.

Tegels groeperen

Bent u een ervaren Windows-gebruiker, dan zal het zeker even wennen zijn om uw weg in het – ongetwijfeld snel vollopende – startscherm te vinden. Met de hiervoor beschreven handelingen bent u in ieder geval al in de gelegenheid om het startscherm in te delen en apps en programma's te starten. Vergeet niet: de Windows-toets brengt u altijd weer in de uitgangspositie.

Hebt u een groot aantal tegels op het startscherm staan, dan wilt u deze wellicht groeperen. Spelletjes bij elkaar, officetoepassingen bij elkaar enzovoort. Gelukkig biedt Windows de mogelijkheid om dit eenvoudig te doen. En wat helemaal handig is: u kunt gemaakte groepen eenvoudig herschikken; dat scheelt een hoop gesleep met tegels.

Om een setje tegels in een groep onder te brengen, gaat u als volgt te werk:

1 Zoom in het startscherm uit, zoals is beschreven op pagina 14. U ziet groepjes tegels verschijnen, volgens de indeling die u zelf hebt gemaakt.

2 Selecteer een groep op de – inmiddels – bekende wijze (rechtsklikken, stukje naar beneden vegen of met de pijltoetsen en de spatiebalk).

3 Selecteer de opdracht **Naam aan groep geven** en typ een naam in het venster dat verschijnt; bijvoorbeeld `Kantoor`.

4 Druk op Enter of tik/klik op **Naam geven**.

U ziet nu de naam boven de groep verschijnen. Indien u weer inzoomt, zal de naam ook boven de set met tegels worden getoond.

■ **Afbeelding 2.8**
Een naam aan een groep tegels geven.

Tegels in een nieuwe (lege) groep plaatsen

Wanneer u tegels volgens de eerder in deze paragraaf beschreven methode verplaatst, valt het op dat tijdens het slepen soms een lichte, verticale balk op het scherm verschijnt. Laat de tegel op zo'n positie los om hem in een nieuwe groep te plaatsen.

◼ **Afbeelding 2.9**
Laat de tegel los op de verticale balk om een nieuwe groep te creëren.

Groepen verplaatsen

Wellicht wilt u een groep een prominentere plek op het scherm geven. Met name wanneer u meer groepen hebt gemaakt, kan dat handig zijn. Ga daartoe als volgt te werk:

1 Zoom in het startscherm uit, zoals is beschreven op pagina 14. U ziet groepjes tegels verschijnen, volgens de indeling die u zelf hebt gemaakt.

2 Verplaats de gewenste groep op een van de volgende manieren:

◼ Muis: zet de muiswijzer op de gewenste groep, druk de linker-muisknop in en houd deze ingedrukt, en beweeg de muis naar de gewenste locatie. U ziet op het scherm dat de groepen plaats maken voor de groep die u aan het verslepen bent. Laat de muis-knop los zodra u de gewenste locatie hebt bereikt.

◼ Aanraakscherm: plaats uw vinger op de gewenste groep en veeg omhoog of omlaag; de groep 'springt' los van zijn locatie. U kunt nu alle kanten op slepen, en ziet op het scherm dat de groepen plaats maken voor de groep die u aan het verslepen bent. Haal uw vinger weg zodra u de gewenste locatie hebt bereikt.

■ Werken met apps

Het starten van een app is zeer eenvoudig: tik op de gewenste tegel, en
de app wordt gestart. Sommige apps – zoals E-mail – vereisen extra instellingen, maar andere – zoals Kaarten en Store – weer niet.

■ **Afbeelding 2.10**
De app Yindo.

Microsoft heeft de specificaties voor apps zó opgesteld, dat ze eenduidig
werken. Bijna alle apps hebben dus een appbalk die verschijnt door
vanaf de onderkant van het scherm naar boven te vegen. Of door met de
rechtermuisknop in de app te klikken, of op de toets voor het lokale
menu te drukken. De opdrachten in de appbalk verschillen per app, en
omdat apps (vaak) eenvoudige programma's zijn, is het aantal opdrachten
over het algemeen overzichtelijk.

Charmbalk

Los van de appbalk, kent Windows 8 ook de zogeheten charmbalk. De
charmbalk bevindt zich aan de rechterzijde van het scherm, en u opent
deze balk door van daaruit een stukje naar links te vegen of door op
Win+C te drukken. De charmbalk bevat de volgende opdrachten:

■ **Zoeken**   Zoekt in de app of elders in het systeem.

■ **Delen**   Deelt informatie uit de app, bijvoorbeeld via mail of sociale
media.

■ **Start** Brengt u terug naar het startscherm (of de laatst gebruikte app, als het startscherm actief is).

■ **Apparaten** Geeft de informatie op aangesloten apparatuur weer, zoals een printer.

■ **Instellingen** Geeft de instellingsmogelijkheden van de app weer, maar ook van uw computer. Hier vindt u ook een mogelijkheid om uw computer uit te zetten (er zijn er meer).

Los van de opdracht **Start**, zijn de opties in de charmbalk gekoppeld aan de app die u op dat moment actief hebt. Maar de opdrachten werken ook door in het onderliggende systeem – zo kunt u met een zoekopdracht niet alleen in de app zoeken, maar ook in andere apps, instellingen of bestanden; klik daartoe op de gewenste optie die onder het zoekvak staat. We illustreren dit aan de hand van een klein voorbeeld.

1 Start de app Weer en open de charmbalk.

2 Tik of klik op **Zoeken**.

■ **Afbeelding 2.11**
De app Weer met geopende charmbalk, opdracht Zoeken.

3 Typ een plaatsnaam, bijvoorbeeld Utrecht. Onder het zoekvak verschijnen suggesties. Maar u kunt ook verder zoeken door op het vergrootglas te tikken of te klikken. Zo verschijnt naast Utrecht in Nederland, ook Utrecht in Zuid-Afrika op het scherm.

U kunt nu een van de gevonden plaatsen selecteren, maar u kunt ook een van de categorieën (**Apps, Instellingen, Bestanden**) of een van de apps onder het zoekvak selecteren. Klikt u bijvoorbeeld op **Nieuws**, dan verschijnt een nieuwsoverzicht van Utrecht. Klikt u op **Bing**, dan wordt een zoekopdracht in Bing uitgevoerd. En via **E-mail** wordt de mailapp gestart; nogmaals klikken op het vergrootglas zoekt vervolgens in uw e-mail.

Klikken of tikken

In dit boek zullen we – omwille van de eenvoud – vanaf nu alleen over klikken spreken. We bedoelen dan echter ook tikken. Alleen als klikken en tikken verschillende effecten hebben, dan zullen we dat onderscheid specifiek maken.

Mooi voorbeeld van semantisch zoomen

De app Weer is overigens een mooi voorbeeld van de nieuwe functie semantisch zoomen: wanneer u uitzoomt, verschijnt het overzicht met hoofdcategorieën. Klikken of inzoomen herstelt de weergave (zie de paragraaf In- en uitzoomen op pagina 14 voor meer informatie over in- en uitzoomen).

Wisselen tussen apps

Ook al ziet u in beginsel maar één app tegelijk op het scherm (apps worden schermvullend weergegeven, en niet in vensters), ze worden niet vanzelf afgesloten wanneer u een andere app start. Windows bewaart de geopende apps in het geheugen, zodat u ze snel kunt activeren. Hebt u ervaring met eerdere versies van Windows, dan zal het u niet verbazen dat het wisselen tussen apps op een vertrouwde manier gaat: met Alt+Tab.

■ **Afbeelding 2.12**
Druk op Alt+Tab om tussen geopende apps te schakelen. Houd Alt ingedrukt en druk net zo vaak op Tab totdat de gewenste app is geselecteerd. Laat vervolgens de Alt-toets los.

Er is een tweede manier om tussen apps te wisselen, en die manier geeft ook eenvoudig toegang tot het startscherm: Win+Tab. Als u de Windows-toets ingedrukt houdt en vervolgens op Tab drukt, ziet u een overzicht van geopende apps links op het scherm verschijnen. Blijf op Tab drukken totdat de gewenste app is geselecteerd en laat dan de Windows-toets los. Zoals u ziet kunt u op deze manier ook het startscherm selecteren.

Uiteraard is het ook mogelijk om via het aanraakscherm tussen apps te wisselen: veeg kort vanaf de linkerkant van het scherm naar het midden. Als u dit in een vloeiende beweging doet, merkt u dat u snel en soepel tussen apps wisselt.

Met de muis

Uiteraard kunt u ook met de muis tussen apps wisselen, maar dat gaat niet erg intuïtief. Plaats de muiswijzer linksonder in het scherm, zodat er een pictogram van een app of het startscherm verschijnt. Beweeg de muisaanwijzer vervolgens omhoog. Er verschijnt nu een balk met een overzicht van geopende apps; dit is dezelfde balk die verschijnt wanneer u op Win+Tab drukt. Overigens kunt u de muis ook in de linker*boven*hoek van het scherm plaatsen, en deze vervolgens naar beneden bewegen.

▉ **Afbeelding 2.13**
De zijbalk met geopende apps.

Apps naast elkaar

Windows 8 biedt de mogelijkheid om twee apps tegelijk op het scherm te tonen. Dat is nogal rudimentair, maar het kan van pas komen – zo kunt u statusupdates volgen terwijl u op internet surft. Wanneer twee apps worden getoond, dan neemt de ene app een smal gedeelte van het scherm in beslag, terwijl de andere in het grootste gedeelte zichtbaar is.

Deze verhouding ligt vast, en is niet aan te passen – alleen om te wisselen.

 Afbeelding 2.14
Twee apps op het scherm.

Om twee apps met de muis naast elkaar te plaatsen gaat u als volgt te werk:

1 Start een willekeurige app en zorg dat deze actief is (zichtbaar is op het scherm).

2 Plaats de muisaanwijzer aan de bovenkant van het scherm; de aanwijzer verandert in een handje. Druk de linkermuisknop in en sleep de app naar de linker- of rechterkant van het scherm; laat los als de scheidingsbalk verschijnt.

3 Klik in het lege gedeelte om het startscherm zichtbaar te maken en open een tweede app; deze verschijnt automatisch in het overgebleven deel.

Beide apps zijn nu actief en zichtbaar, en ook normaal te gebruiken. Door de scheidingsbalk te verslepen kunt u van de kleine app de de grote maken en omgekeerd. Wanneer u de scheidingsbalk helemaal naar de zijkant sleept, zal er nog maar één zichtbare app overblijven.

Tussen apps schakelen

De mogelijkheden om tussen apps te schakelen werken ook als er twee apps zichtbaar zijn. Gebruikt u het toetsenbord (Alt+Tab of Win+Tab), dan verschijnt de geselecteerde app in het grote deelvenster. Gebruikt u de muis of een aanraakscherm, dan kunt u de app naar keuze in het kleine of het grote deelvenster neerzetten.

Apps sluiten

Windows beheert de apps automatisch, wat inhoudt dat niet-actieve apps weinig geheugen en processorcapaciteit benutten. Bovendien kan Windows apps – indien nodig – zelfstandig afsluiten, waardoor ze uit het geheugen verdwijnen. Met andere woorden: het afsluiten van een app is niet echt nodig. Wilt u dat toch doen, dan kan dat uiteraard. U sluit een app als volgt:

■ Toetsenbord: druk op Alt+F4. Let op, is het bureaublad zichtbaar, dan sluit u hiermee de computer af (u krijgt eerst een waarschuwing).

■ Muis: Plaats de muisaanwijzer aan de bovenkant van het scherm; de aanwijzer verandert in een handje. Druk de muisknop in en sleep het venster naar de onderkant van het scherm en laat dan de muisknop los.

■ Aanraakscherm: Veeg van de bovenkant van het scherm helemaal naar beneden.

De computer afsluiten

Voordat we verder gaan met een bespreking van het bureaublad, vermelden we u nog enkele manieren om de computer uit te schakelen:

■ Open de charmbalk (rechts), klik op **Instellingen** en **Aan/Uit**. U krijgt nu verschillende opties te zien, waaronder Afsluiten en opnieuw opstarten.

■ Activeer het bureaublad (Win+D) en druk op Alt+F4; het venster Windows afsluiten verschijnt, met diverse afsluitopties.

■ Hebt u een laptop of notebook? Sluit dan het deksel. In het Configuratiescherm (zie hoofdstuk 6) kunt u bepalen wat er dan gebeurt.

En u kunt natuurlijk ook de aan-/uitknop van de computer gebruiken!

■ **Afbeelding 2.15**
De computer uitzetten.

Uitzetten via een tegel

Eerder in dit hoofdstuk is besproken dat tegels eigenlijk snelkoppelingen zijn. Hebt u een beetje Windows-ervaring, dan kunt u een snelkoppeling maken die de computer uitzet; vervolgens maakt u die tegel
vast aan het startscherm. Zo'n snelkoppeling maakt u via het bureaublad (via **Nieuw**, **Snelkoppeling**), en u plaatst daar de volgende
opdracht in: shutdown –s –t 00. Vervolgens klikt u met de rechtermuisknop op de gemaakte snelkoppeling (aanraakscherm: indrukken
en ingedrukt houden) en kiest u de opdracht **Vastmaken aan Start**. De
computer is nu via uw nieuwe tegel uit te schakelen.

Afmelden

Wilt u de computer niet afsluiten maar wilt u zich wel afmelden, dan kan
dat eenvoudig vanuit het startscherm: klik rechtsboven op uw naam en
kies een van de getoonde opties:

- **Vergrendelen** U wordt niet afgemeld, maar de computer wordt
  vergrendeld zodat eerst uw wachtwoord moet worden ingevoerd,
  voordat er kan worden verder gewerkt.

- **Afmelden** U wordt afgemeld, zodat een andere gebruiker zich
  eventueel kan aanmelden.

- **Gebruiker** Is de computer ingericht voor meerdere gebruikers, tik
  dan op de naam van een andere gebruiker om namens hem of haar
  aan te melden. Het is niet verplicht om u eerst af te melden, maar
  wanneer meerdere gebruikers tegelijk zijn aangemeld, kan dat de
  prestaties van de computer beïnvloeden.

 Snel vergrendelen

Ongeacht waar u mee bezig bent op uw computer: Win+L (*lock*)
vergrendelt de computer direct. Om u weer aan te melden drukt u op
een toets of klikt u in het scherm. Hebt u een aanraakgevoelig apparaat, veeg dan van onder naar boven. U kunt nu uw wachtwoord
invoeren en verder werken.

■ Bureaublad

Eerder in dit hoofdstuk is de term *bureaublad* al gevallen. De app Bureau-blad start de vertrouwde Windows-omgeving met taakbalk, vensters en pictogrammen. Alhoewel: vertrouwd? Het belangrijkste verschil met het bureaublad uit eerdere versies van Windows is het ontbreken van de knop **Start**. Wellicht onhandig, maar wel begrijpelijk: er is nu een heel *venster* Start. Toch zal het in het begin even wennen zijn, vooral als u veel via het bureaublad doet.

Niet in Windows RT

Het bureaublad is onderdeel van Windows 8, Windows 8 Pro en Windows Enterprise, maar niet van Windows RT.

Snel naar het bureaublad

Klik op de tegel Bureaublad op het startscherm, of druk op de toets-combinatie Win+D.

■ **Afbeelding 2.16**
Het bureaublad van Windows 8.

Het bureaublad omvat een geheel van vensters, knoppen en andere zaken die het mogelijk maken om op een vertrouwde manier met uw Windows 8-computer om te gaan. Als u de Bureaublad-app opent, ziet u linksboven enkele afbeeldingen (pictogrammen), rechtsonder enkele kleine afbeeldingen in het zogeheten systeemvak (inclusief een digitaal klokje) en waarschijnlijk een fraaie achtergrondafbeelding. Langs de onderkant van het scherm loopt – van links naar rechts – een balk die de taakbalk wordt genoemd.

Het bureaublad is geheel naar wens in te stellen. U kunt bijvoorbeeld de achtergrondafbeelding vervangen, maar ook de kleur van de tekst en de grootte en de positie van de pictogrammen aanpassen. U kunt de taakbalk verplaatsen of onzichtbaar maken en u kunt vensters op het scherm groter en kleiner maken. In hoofdstuk 6 gaan we overigens uitgebreid in op het aanpassen van het bureaublad (en de rest van de gebruikersomgeving).

Mappen en bibliotheken

Documenten worden in Windows in *mappen* of *bibliotheken* opgeslagen. U krijgt snel toegang tot uw documenten via de knop Verkenner geheel links in de taakbalk. Standaard beschikt u over de bibliotheken Documenten, Afbeeldingen, Muziek en Video's. In hoofdstuk 4 leert u hoe u zelf nieuwe bibliotheken en mappen maakt en hoe u documenten in de juiste map opbergt. De indeling in bibliotheken en mappen is handig, omdat u hierdoor het overzicht niet hoeft te verliezen. Andere programma's, bijvoorbeeld Outlook en Mail, gebruiken ook mappen om e-mailberichten te rubriceren.

Waar is de map Mijn documenten gebleven?

De map Mijn documenten is standaard in de *bibliotheek* Documenten opgenomen.

Persoonlijke bibliotheken

Persoonlijke bibliotheken zijn bibliotheken waarin u eigen documenten opslaat. U krijgt snel toegang tot uw documenten via de knop Verkenner geheel links in de taakbalk. Standaard biedt Windows 8 u vier van deze bibliotheken:

■ **Documenten** Gebruik deze bibliotheek om algemene documenten, zoals brieven, rapporten, verslagen enzovoort in op te slaan. Veel programma's zullen automatisch deze bibliotheek gebruiken wanneer u een document probeert op te slaan.

■ **Afbeeldingen** Gebruik deze bibliotheek om afbeeldingen in op te slaan. Programma's voor fotobewerking en dergelijke zullen documenten automatisch in deze bibliotheek opslaan.

■ **Muziek** Gebruik deze bibliotheek om gekopieerde muziek en muziek die u van internet hebt opgehaald op te slaan. Programma's

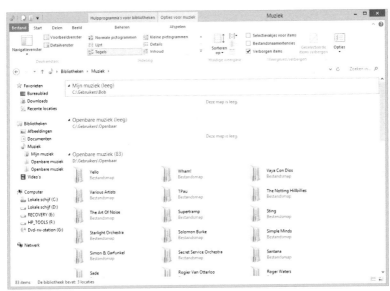

Afbeelding 2.17

De bibliotheek Muziek. U ziet onder in de statusbalk dat de bibliotheek gegevens uit drie verschillende locaties (mappen) ophaalt. Links in het navigatiepaneel ziet u welke drie locaties dat zijn.

voor het afspelen van muziek zoeken automatisch in deze bibliotheek naar af te spelen nummers.

Video's   Gebruik deze bibliotheek om gekopieerde en eigen films en films die u van internet hebt opgehaald op te slaan. Programma's voor het afspelen van films zoeken automatisch in deze bibliotheek naar af te spelen films.

In hoofdstuk 4 leest u hoe u bibliotheken en mappen kunt voorzien van eigen mappen en submappen, om zo het overzicht te bewaren.

Bibliotheken

Zoals inmiddels duidelijk mag zijn, zijn de mappen Afbeeldingen, Muziek en Documenten in Windows 8 geen mappen, maar *bibliotheken*. U leest hier meer over in hoofdstuk 4.

Speciale mappen

Op het bureaublad kunnen enkele speciale mappen zichtbaar zijn. Dit zijn:

■ **Computer**   Dubbelklik (twee keer snel achter elkaar klikken) op **Computer** om een speciale map te openen die toegang geeft tot verschillende onderdelen in uw computer, zoals (verwisselbare) schijfstations. U ziet hier bijvoorbeeld geplaatste geheugenkaartjes (uit uw digitale camera) of de in de USB-poort geplaatste geheugenstick.

■ **Afbeelding 2.18**
De map Computer.

■ **Netwerk**   Dubbelklik op **Netwerk** (indien beschikbaar) om een overzicht van het netwerk te krijgen. Maakt uw computer deel uit van een (thuis)netwerk, dan ziet u de andere computers hier verschijnen.

■ **Configuratiescherm**   Het Configuratiescherm is het alles overheersende regelpaneel van Windows 8. U gebruikt het voor uiteenlopende taken, zoals het toevoegen van nieuwe gebruikers en het instellen van het uiterlijk van Windows 8. Verschillende onderdelen van het Configuratiescherm komen op diverse plaatsen in dit boek aan de orde.

U kunt bepalen welke speciale mappen op het bureaublad worden weergegeven door met de rechtermuisknop op een leeg deel van het bureaublad te klikken en vervolgens **Aan persoonlijke voorkeur aanpassen** te kiezen. Klik links in het venster Persoonlijke instellingen op **Bureaubladpictogrammen wijzigen** om een eigen selectie te maken.

Afbeelding 2.19
Weergave van de bureaubladpictogrammen instellen.

Werken met vensters

Vensters spelen een belangrijke rol in het bureaublad van Windows. Zo belangrijk zelfs, dat Windows er zijn naam aan ontleent. Inhoud van mappen wordt bijvoorbeeld in vensters weergegeven, maar ook een programma wordt in zijn eigen venster uitgevoerd. Vandaar dat we in deze paragraaf stilstaan bij het werken met vensters.

Vensters bovenop leggen

Wanneer u de map Muziek opent (klik op het pictogram **Verkenner** in de taakbalk en dubbelklik vervolgens op **Muziek**) en vervolgens de map Prullenbak (dubbelklikken op het pictogram Prullenbak), zult u merken

Afbeelding 2.20
Overlappende vensters.

dat Windows twee vensters op het scherm laat zien. Deze twee vensters overlappen elkaar gedeeltelijk, zodat het onderliggende venster (het venster dat u als eerste opende) niet geheel zichtbaar zal zijn.

Om van het onderliggende venster het bovenliggende venster te maken, volstaat het om 'ergens' op het onderliggende venster te klikken, bijvoorbeeld op de titelbalk aan de bovenkant van het venster.

De taakbalk

Eerder in dit hoofdstuk maakte u kennis met de taakbalk. De taakbalk bevindt zich onder in het scherm en herbergt aan de linkerkant enkele pictogrammen en aan de rechterkant (onder andere) een digitaal klokje. Als u de vensters Prullenbak en Muziek nog geopend hebt en u kijkt naar de taakbalk, zult u zien dat er een geaccentueerde knop zichtbaar is: de knop Windows Verkenner. Een andere manier om een venster het actieve venster te maken is door de muiswijzer op de knop die bij het gewenste venster hoort te plaatsen en vervolgens op het gewenste venster te klikken.

Slechts één knop

In de taakbalk van Windows 8 neemt elk programma (zoals Verkenner) slechts één knop in beslag, ook al zijn er meerdere vensters in geopend.

Gebruikt u een programma vaak, dan kunt u de knop op de taakbalk vastmaken. Het voordeel daarvan is dat u het programma rechtstreeks kunt openen zonder eerst het startscherm te hoeven openen. Bovendien wordt de nieuwe knop direct van een eigen jump list voorzien, met alle voordelen van dien (zie hierna). Laten we eerst een programma aan de taakbalk vastmaken:

1 Open het startscherm.

2 Typ een aantal letters van de programmanaam om het zichtbaar te maken in de lijst. Typ bijvoorbeeld: `paint`.

3 Klik met de rechtermuisknop op de programmanaam **Paint** die in het overzicht is verschenen en kies de opdracht **Aan taakbalk vastmaken**.

4 Keer terug naar het bureaublad, bijvoorbeeld via de toetscombinatie Win+D.

De knop Paint is nu aan de taakbalk toegevoegd en u kunt het programma snel starten door op de knop op de taakbalk te klikken.

▉ Afbeelding 2.21
Paint is aan de taakbalk vastgemaakt.

Het vastmaken van een (veelgebruikt) programma aan de taakbalk heeft als bijkomend voordeel dat de jump list eenvoudig toegankelijk wordt: klik met de rechtermuisknop op een knop op de taakbalk om een overzicht met recente documenten, veel voorkomende taken en andere acties te zien. Op die manier kunt u een knop ook weer van de taakbalk losmaken: kies daartoe de opdracht **Dit programma losmaken van de taakbalk** in de jump list.

▉ Afbeelding 2.22
De jump list van Paint.

 Items vastmaken

Het is zelfs mogelijk om een recent item permanent in de jump list op te nemen; dat kan handig zijn als u een bepaald document of een bepaalde website altijd onder handbereik wilt hebben. Zet de muiswijzer daartoe op een item in de sectie Recent of Vaak gebruikte items en klik op het punaisepictogram dat verschijnt.

▉ Afbeelding 2.23
Een item vastmaken.

Verplaatsen en de afmetingen wijzigen

Het is goed om te weten dat u gedeeltelijk verborgen vensters zichtbaar kunt maken door ze bovenop te leggen, maar er is nog veel meer mogelijk. Wilt u de inhoud van twee vensters *naast elkaar* kunnen bekijken, dan zult u een van de vensters doorgaans moeten verplaatsen, en soms zult u ook de afmetingen moeten aanpassen. Dat kan allemaal.

Ga als volgt te werk om een venster te verplaatsen:

1 Plaats de aanwijzer op de bovenste rand van het venster dat u wilt verplaatsen; is deze niet zichtbaar, maak het gewenste venster dan eerst het actieve venster, op een van de eerder besproken manieren.

2 Druk op de linkermuisknop en houd deze ingedrukt.

3 Verplaats de muis; zolang u de muisknop ingedrukt houdt verschuift het venster mee. Dit wordt *slepen* genoemd.

Ga als volgt te werk om de afmetingen van een venster te wijzigen:

1 Plaats de aanwijzer op de buitenste rand van het venster waarvan u de afmetingen wilt wijzigen; de aanwijzer verandert in een tweekoppig pijltje.

2 Druk op de linkermuisknop en houd deze ingedrukt.

3 Verplaats de muis; zolang u de muisknop ingedrukt houdt verschuift de rand mee. Het venster wordt nu groter of kleiner.

Plaats de aanwijzer op de linker- of rechterrand om een venster breder of smaller te maken; plaats de aanwijzer op de boven- of onderrand om een venster hoger of minder hoog te maken. Plaatst u de aanwijzer op een hoekpunt, dan kunt u de hoogte en de breedte tegelijk aanpassen.

■ **Afbeelding 2.24**
De mappen zijn verplaatst en verkleind.

Automatisch schikken

Windows 8 biedt ook een mogelijkheid om vensters automatisch te schikken. Klik daartoe met de rechtermuisknop op een leeg deel van de taakbalk (onder in het scherm) en kies een van de volgende opties: **Vensters trapsgewijs schikken**, **Vensters gestapeld weergeven** of **Vensters naast elkaar weergeven**. Klikt u op **Bureaublad weergeven**, dan worden alle vensters geminimaliseerd (zie hierna).

Nog meer schikfuncties

Handig is de mogelijkheid om een venster eenvoudig aan de linkerkant of aan de rechterkant van het venster te koppelen. Gebruik hiervoor de toetsen Win+Pijl-links of Win+Pijl-rechts. U kunt deze toetsen blijven indrukken voor een 'roulerende' functie.

Minimaliseren en maximaliseren

Het is mogelijk om een venster tijdelijk te verbergen, zonder het te sluiten. In dat geval ziet u alleen nog een knop op de taakbalk, maar het daadwerkelijke venster wordt niet meer weergegeven. Om een venster te minimaliseren klikt u rechtsboven in het venster op de knop **Minimaliseren** (het liggende streepje, de eerste van de drie knopjes in de rechterbovenhoek van een venster) of drukt u op Win+Pijl-omlaag. Het venster verdwijnt nu, maar de knop op de taakbalk blijft zichtbaar. Klik op deze knop om het venster weer zichtbaar te maken, zoals hiervoor beschreven; of druk op Alt+Tab.

■ **Afbeelding 2.25**
Links de knop Minimaliseren, in het midden de knop Maximaliseren/Verkleinen.

Het is ook mogelijk om een venster het volledige scherm te laten bedekken; dit wordt maximaliseren genoemd. Wanneer u een venster maximaliseert, bedekt het alle andere vensters. Om een venster te maximaliseren klikt u rechtsboven in het venster op de knop **Maximaliseren** (het rechthoekje, de tweede van de drie knopjes in de rechterbovenhoek van een venster) of drukt u op Win+Pijl-omhoog. U kunt nu een ander venster zichtbaar maken door op de vensterknop in de taakbalk te klikken, of door Alt+Tab te gebruiken.

U kunt het formaat van gemaximaliseerde vensters herstellen door nogmaals op de knop **Maximaliseren** te klikken (die nu **Verkleinen** heet en er ook iets anders uitziet) of door op Win+Pijl-omlaag te klikken.

Alternatief maximaliseren en minimaliseren

Windows 8 biedt de mogelijkheid om een venster te maximaliseren door het aan de titelbalk naar de bovenkant van het scherm te slepen. Sleep een gemaximaliseerd venster aan de titelbalk omlaag om het oorspronkelijke formaat te herstellen.

 ## Alle andere venster minimaliseren

Pak een venster op aan de titelbalk (muisknop indrukken en ingedrukt houden) en 'schud' ermee om alle andere geopende vensters te minimaliseren.

Vensterindeling

Nu u vensters op een door u gewenste plek op het scherm kunt zetten en de grootte naar believen kunt wijzigen, is het niet onverstandig om even kort te kijken naar wat er in een venster te zien is; in hoofdstuk 4 wordt daar overigens nog uitgebreider bij stilgestaan.

■ **Afbeelding 2.26**
Een typisch venster.

In de afbeelding ziet een typisch venster. Als u eerder met Windows XP (of ouder) hebt gewerkt komt een en ander wellicht bekend voor, maar toch is er veel gewijzigd.

▓ **Recente locaties**   Deze knop opent een lijst met mappen die u recent hebt geopend, en biedt snelle toegang tot deze mappen.

▓ **Niveau omhoog**   Deze knop opent de 'bovenliggende' map; u gaat hiermee een niveau omhoog in de mappenstructuur.

▓ **Menubalk**   Via de menubalk hebt u toegang tot de verschillende tabbladen van het lint. Deze tabbladen bevatten gegroepeerde opdrachten, die overeenkomen met de naam in de menubalk; zo bevat de tab **Beeld** opdrachten om de weergave in het venster aan te passen.

▓ **Adresbalk**   De adresbalk maakt gebruik van het inmiddels op internet veel toegepaste broodkruimelspoor. In dit broodkruimelspoor ziet u het 'pad' naar de map die u hebt geopend.

▓ **Lint**   Het lint bevat verschillende opdrachten, verdeeld over verschillende tabbladen. De precieze tekst op de knoppen varieert. Daarnaast variëren de knoppen afhankelijk van het onderdeel waarop u binnen de map klikt.

▓ **Mapnaam**   In de titelbalk van het venster leest u de naam van de map af.

▓ **Vernieuwen**   Klik op deze knop om de inhoud van het venster te verversen.

▓ **Lint aan/uit**   Met deze knop kunt u het lint in- en uitklappen.

▓ **Weergave**   Deze twee knoppen schakelen snel tussen de weergaven Details en Grote pictogrammen.

▓ **Zoeken**   Rechts naast de adresbalk ziet u het vak **Zoeken**. Typ hier enkele letters of een woord en Windows 8 gaat op zoek naar documenten, e-mailberichten, contactpersonen enzovoort waarin de getypte letters voorkomen.

▓ **Detail/Voorbeeldvenster**   Het voorbeeld- of detailvenster is standaard niet zichtbaar, maar kan eenvoudig worden weergegeven via de tab **Beeld** in het lint. In het voorbeeldvenster verschijnt een groter voorbeeld van het document dat u selecteert. U maakt het venster zichtbaar door in het lint (menu **Beeld**) op de gewenste knop te klikken. Volg dezelfde stappen om het venster weer te sluiten.

▓ **Mapinhoud**   Het belangrijkste deel van het venster wordt ingenomen door de mapinhoud. Hier ziet u een overzicht van de in de map aanwezige documenten. Bevat de map meer documenten dan kunnen worden weergegeven, dan verschijnt langs de rechterkant van het venster een schuifbalk waarmee u door de mapinhoud kunt schuiven. Versleep het 'liftje' in de schuifbalk om door de mapinhoud te bladeren.

- **Navigatiepaneel**   Links bevindt zich het navigatiepaneel met de traditionele mappenweergave die u waarschijnlijk uit eerdere versies van Windows kent. U kunt op de driehoekjes naast de items in het navigatievenster klikken om de structuur uit te vouwen cq. in te klappen.

- **Terug en Vooruit**   Als u eerder met een webbrowser hebt gewerkt, zullen de knoppen **Terug** en **Vooruit** geen geheimen voor u hebben. U gebruikt ze om naar de vorige weergegeven map terug te keren, of weer terug te keren naar de huidige map.

Broodkruimels of...

Als u een *die-hard* Windows-gebruiker bent, dan wilt u wellicht weten met welke *fysieke* mappen u te doen hebt. Klik in de adresregel en voilà... Zodra u elders in de map klikt verschijnt het broodkruimelspoor weer.

Bibliotheken\Afbeeldingen|

■ **Afbeelding 2.27**
Voor de liefhebber.

Weergave van de vensterinhoud

In de vorige paragraaf hebt u kunnen lezen waaruit een venster is opgebouwd. Nu kijken we kort naar de manieren waarop u de inhoud van een map kunt weergeven. Opent u bijvoorbeeld de map Computer (Win+E), dan verschijnt een overzicht met behoorlijk kleine versies van de beschikbare mappen. Windows 8 laat u de grootte van deze miniatuurtjes (ook wel *pictogrammen* genoemd) echter traploos instellen. Ga als volgt te werk:

1 Open de map **Computer** door op Win+E te drukken.

2 Klik in het lint op de tab **Beeld** om verschillende weergaven te zien:

- **Extra grote pictogrammen**   De beschikbare onderdelen worden als extra grote pictogrammen weergegeven.

- **Kleine pictogrammen**   De beschikbare onderdelen worden zeer klein weergegeven.

■ **Tegels**   De beschikbare onderdelen getegeld weergegeven, voorzien van een korte beschrijving.

■ **Grote pictogrammen**   De beschikbare onderdelen worden als grote pictogrammen weergegeven.

■ **Lijst**   De beschikbare onderdelen worden als namenlijst weergegeven.

■ **Inhoud**   De beschikbare onderdelen worden met voorbeeldpictogram en aanvullende informatie weergegeven.

■ **Normale pictogrammen**   De beschikbare onderdelen worden als normale pictogrammen weergegeven.

■ **Details**   De beschikbare onderdelen worden zeer klein weergegeven, voorzien van details zoals grootte, wijzigingsdatum en bestandstype.

■ **Afbeelding 2.28**
De inhoud wordt uitvergroot.

Volgorde van de vensterinhoud

U kunt de weergave van de bestanden in een map eenvoudig sorteren; langs de bovenrand van de vensterinhoud ziet u (onder andere in de detailweergave) kolomkoppen zoals **Naam**, **Gewijzigd op**, **Type** enzovoort. Klik op zo'n kop om op dat gegeven te sorteren; klik bijvoorbeeld op **Naam** om de bestanden in alfabetische volgorde te zien. Een klein driehoekje in de kop verraadt de sorteervolgorde: oplopend (bijvoorbeeld van a naar z of van klein naar groot; het driehoekje wijst dan naar boven) of aflopend (bijvoorbeeld van z naar a of van groot naar klein; het driehoekje wijst dan naar beneden). U keert de sorteervolgorde om door nogmaals op de kop met het driehoekje te klikken.

Is de kopregel niet zichtbaar, klik dan met de rechtermuisknop in een leeg gedeelte van de map en selecteer de opdracht **Sorteren op**, gevolgd door een gewenste sorteerkeuze.

■ **Afbeelding 2.29**

Bestanden gesorteerd van groot naar klein. Let in dit voorbeeld ook op de kolom Waardering; klik op de kop om de afbeeldingen op waardering te rangschikken.

 Meer kolommen

U bepaalt zelf welke kolommen Windows 8 boven de vensterinhoud plaatst. Klik met de rechtermuisknop op een kop om kolommen in of uit te schakelen (door er een vinkje voor te plaatsen). U kunt ook op **Meer** klikken en een keuze maken uit nog veel meer kolommen.

■ **Afbeelding 2.30**

Bepaal in dit snelmenu welke kolommen Windows 8 moet weergeven.

Het is ook nog mogelijk om bestanden gegroepeerd weer te geven. Dit wil zeggen dat bepaalde bestanden als een groep worden weergegeven (bijvoorbeeld: van een bepaalde grootte of van A tot E, van F tot L enzovoort).

▓ **Afbeelding 2.31**
Bestanden gegroepeerd weergegeven.

Om de inhoud van een map te groeperen, klikt u met de rechtermuisknop in een leeg deel van de map en kiest u **Groeperen op**, gevolgd door een criterium (bijvoorbeeld **Naam**). Kies **Geen** om de groepering op te heffen.

 Lint in- en uitschakelen

Het lint kan desgewenst in- of uitgeschakeld worden. Dit doet u met het kleine driehoekje rechtsboven in het venster, naast de knop Help (het vraagteken).

▓ Werken zonder menu Start

Eerder in dit hoofdstuk is het nieuwe startscherm besproken, dat het vertrouwde menu Start vervangt. Het zal waarschijnlijk even wennen zijn om met een bureaublad zonder menu Start te werken, maar gelukkig heeft Microsoft voldoende alternatieven ingebouwd. Zo zijn er veel sneltoetsen beschikbaar, kunt u snelkoppelingen op het bureaublad en in de taakbalk maken, en is er ook een lokaal menu beschikbaar dat snel een aantal veelgebruikte toepassingen opent.

Onderstaand overzicht geeft enkele belangrijke sneltoetsen weer.

Sneltoets	Functie
Win+D	Opent het bureaublad
Win+E	Opent Deze computer
Win+F	Opent de charm Zoeken (bestanden)
Win+I	Opent de charm Instellingen
Win+M	Minimaliseert alle vensters
Win+Q	Opent de charm Zoeken (apps)
Win+R	Opent het venster Uitvoeren
Win+U	Opent het Toegankelijkheidscentrum
Win+W	Opent de charm Zoeken (instellingen)
Win+X	Opent een menu met snelle toegang tot veelgebruikte computeronderdelen.
Ctrl+Shift+Esc	Opent Taakbeheer
Win+cijfer	Opent het programma of venster dat aan de taakbalk is vastgemaakt; 1 = eerste programma, 2 = tweede programma enzovoort.

 Windows-toets

En niet vergeten natuurlijk: de Windows-toets opent het startscherm, het 'echte' nieuwe menu Start.

 Programma snel aan de taakbalk vastmaken

Hebt u een programma gestart via het startscherm of een sneltoets, en wilt u het snel aan de taakbalk vastmaken? Klik met de rechtermuis-knop op de knop van het geopende programma in de taakbalk, en kies **Dit programma vastmaken aan de taakbalk**.

■ **Afbeelding 2.32**
Enkele programma's vastgemaakt aan de taakbalk. U opent ze snel via Win+1, Win+2, Win+3, Win+4 en Win+5. Oók vanuit het startscherm!

Hoofdstuk **3**

Apps en programma's

Zoals in hoofdstuk 1 al is gemeld, is een van de taken van Windows 8 het 'beheren' van programma's (ook wel toepassingen, apps, applicaties of software genoemd). Wanneer u achter uw computer zit, zal het regelmatig voorkomen dat u met nieuwe programma's aan de slag wilt. Programma's koopt u in de winkel of downloadt u van internet, apps betrekt u uit de Windows Store. Voordat u ze kunt gebruiken, zult u ze meestal op uw computer moeten installeren. Dit hoofdstuk laat u zien hoe dat in zijn werk gaat.

■ Apps en de Windows Store

Integraal onderdeel van Windows 8 is de Windows Store. De Windows Store is zelf een app, die u opent vanaf het startscherm door op de tegel Store te klikken.

■ **Afbeelding 3.1**
De Windows Store.

Apps zoeken en installeren

Ten tijde van het schrijven van dit boek was het aanbod van apps in de
Store nog overzichtelijk, maar ongetwijfeld zal het aanbod terwijl u dit
boek leest fors zijn uitgebreid. Windows Store is zelf een typische Win-
dows-app, dus het programma gedraagt zich als een reguliere app. Er is
een charmbalk en een appbalk waarin u specifieke taken kunt uitvoeren.
Aantrekkelijk is de mogelijkheid om te zoeken in de winkel door direct te
typen – het is niet expliciet nodig om eerst de charmbalk te openen (dat

Afbeelding 3.2
Zoeken naar spelletjes.

Afbeelding 3.3
Aanvullende informatie over een app.

gaat vanzelf). Typ bijvoorbeeld `spel` om op zoek te gaan naar spellen. De charmbalk opent en uw zoektekst verschijnt. Druk vervolgens op Enter om de zoekresultaten zichtbaar te maken.

Zoals u ziet zijn sommige apps gratis, voor andere apps moet u betalen. Wilt u meer over een app weten, klik er dan op om een venster met aanvullende informatie te tonen.

Wilt u de app installeren, klik dan op **Installeren**. Het scherm met zoekresultaten wordt weer geopend, terwijl ondertussen de geselecteerde app wordt geïnstalleerd. U kunt dus ondertussen verder werken met uw computer of tablet.

Categorieën

Het startscherm van de Windows Store toont initieel enkele hoogtepunten ('Spotlight'), maar uiteraard kunt u ook de andere categorieën bekijken door de inhoud van het venster te verschuiven. Het overzicht is uit en in te zoomen, zoals in de startpagina. Klik op het plaatje van een categorie om de inhoud ervan te bekijken.

Afbeelding 3.4
De categorie Nieuws en weer.

Wanneer u een zoekterm hebt ingevoerd en het scherm toont een overzicht met zoekresultaten, dan kunnen er verschillende sorteer- en filteropties verschijnen (zie ook afbeelding 3.2). Open zo'n lijst om de zoekresultaten te verfijnen of te sorteren; zo kunt u bijvoorbeeld op prijs sorteren, of alleen apps tonen in een bepaalde categorie.

Overigens krijgt u meer (internationale) apps te zien wanneer u de charm Instellingen opent (Win+I), **Voorkeuren** kiest en dan de optie **Makkelijker maken om apps te vinden in mijn voorkeurstalen** uitschakelt!

Betaalde apps

Voor niets gaat de zon op, dus er zijn ook voldoende apps beschikbaar waarvoor u moet betalen. Vaak gaat het dan om enkele euro's, en mocht u een kat in de zak hebben gekocht, dan is het financiële leed vaak te overzien. Bovendien bieden sommige betaalde apps de gelegenheid om ze eerst kosteloos uit te proberen; in dat geval is de tijd dat u de app kunt gebruiken vaak beperkt, of zitten er andere restricties aan.

■ **Afbeelding 3.5**

De app NumberLegions kunt u direct aanschaffen, of eerst uitproberen.

Wilt u de app daadwerkelijk aanschaffen, dan klikt u op **Kopen**. U wordt nu nog eenmaal in de gelegenheid gesteld om van gedachten te veranderen, maar klikt u op **Bevestigen**, dan is de koop – in beginsel – definitief. Let op: u kunt alleen apps aanschaffen als u over een Microsoft-account beschikt waaraan een betaalmogelijkheid (zoals creditcard) is gekoppeld.

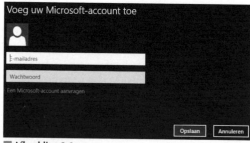

■ **Afbeelding 3.6**

Voer de gegevens van uw Microsoft-account in. Dit is eenmalig – later volstaat het om per aanschaf uw wachtwoord in te voeren.

Geen Microsoft-account?

Hebt u geen Microsoft-account, maak er dan gratis een aan. Zonder Microsoft-account is het niet mogelijk om betaalde apps in de Store aan te schaffen. Bovendien heeft een Microsoft-account meer voordelen, zoals later in dit boek zal blijken.

Updates

Regelmatig zullen apps die u hebt geïnstalleerd worden bijgewerkt. U ziet dit aan de informatie in de Store-tegel: staat daar een cijfer, dan geeft dit aan hoeveel updates er beschikbaar zijn.

▓ **Afbeelding 3.7**
Er zijn zeven updates beschikbaar.

Open de app en klik op de tekst **Updates** die rechtsboven in het scherm staat. De pagina App-updates die nu verschijnt laat zien welke updates beschikbaar zijn. Deze apps zijn automatisch allemaal geselecteerd (let op de selectievinkjes en de beschikbare appbalk), dus als u onder in het venster op **Installeren** klikt, worden alle apps bijgewerkt. Wilt u liever eerst bekijken wat de specifieke updates van een app zijn, klik dan op **Wissen** om de selectie op te heffen. U kunt nu een individuele app selecteren door erop te klikken, waarna u in de appbalk op **Details weergeven** klikt.

⊜ Apps installeren

▓ **Afbeelding 3.8**
De updates worden geïnstalleerd.

Wilt u alsnog alle updates tegelijk selecteren, kies dan – terug in het venster App-updates – de opdracht **Alles selecteren** en klik op **Installeren**.

Apps verwijderen

Voldoet een app niet aan uw verwachtingen, dan verwijdert u deze vanuit het startscherm. Selecteer de tegel van de app en kies **Installatie ongedaan maken**.

Programma installeren

Programma's koopt u in de winkel of downloadt u – al dan niet tegen betaling – van internet. Ook kan het gebeuren dat u programma's van vrienden of bekenden krijgt, wat is toegestaan zolang u de rechten van de auteursrechthebbenden niet schendt. Over het algemeen maakt het niet uit hoe u aan een programma komt, aangezien de installatiemethode over het algemeen hetzelfde is. In het kort komt die op het volgende neer:

◼ start het installatieprogramma (meestal Setup genaamd);

◼ volg de stappen op het scherm.

Is het echt zo makkelijk? Over het algemeen gelukkig wel. Vaak zult u om de nodige informatie worden gevraagd, maar in de meeste gevallen is er bij die vragen al een antwoord ingevuld. Op Enter drukken of op **Volgende** (of **Next**) klikken volstaat dan. Wanneer er bij een vraag geen antwoord is ingevuld (bijvoorbeeld wanneer naar uw naam of naar een serienummer wordt gevraagd), vult u dit eerst in voordat u de installatieprocedure vervolgt.

◼ **Afbeelding 3.9**
Vaak moet u akkoord gaan met bepaalde voorwaarden.

Ingewikkelde vragen

Natuurlijk komt u soms een ingewikkelde vraag tegen. De installatie-procedure kan bijvoorbeeld vragen waar het programma geïnstalleerd moet worden. Wijzig de voorgestelde antwoorden niet, tenzij u weet wat u doet. Doorgaans zijn de vooraf ingevulde antwoorden correct.

Het venster Automatisch afspelen

Wanneer het aangeschafte programma op cd-rom of dvd is geleverd, start u de installatieprocedure vanuit het venster Automatisch afspelen dat – onder normale omstandigheden – vanzelf verschijnt, zodra u het medium in de cd- of dvd-lezer plaatst. Mocht het venster Automatisch afspelen onverhoopt niet verschijnen, doe dan het volgende:

1 Open de map **Computer** (Win+E).

2 Dubbelklik op het cd- of dvd-station waarin het medium met het programma zich bevindt.

De installatieprocedure wordt nu gestart. Mocht dat niet het geval zijn, ga dan verder met stap 3.

3 Als de installatieprocedure niet wordt gestart, zal de map met documenten en bestanden op de cd-rom worden geopend. Zoek naar een toepassing met de naam Setup, Install of Autorun en dubbelklik hierop.

4 De installatieprocedure wordt alsnog gestart. Kunt u een van de genoemde programma's niet vinden, raadpleeg dan de documentatie die u bij het programma hebt ontvangen.

Het geïnstalleerde programma starten

Nadat de installatie is voltooid – doorgaans sluit u de procedure af met een klik op de knop **Finish** of **Voltooien** – kunt u het programma gebruiken. Tijdens de installatie wordt er een tegel op het startscherm geplaatst, en vaak ook een plaatje (pictogram) op het bureaublad. Klik op de tegel of dubbelklik op het pictogram om het programma te starten.

 Afbeelding 3.10
Pictogrammen op het bureaublad.

Is er geen pictogram op het bureaublad geplaatst, dan kunt u het programma starten via het startscherm.

Het pictogram op het bureaublad is overigens een zogeheten snelkoppeling naar het programma. U mag deze snelkoppeling straffeloos verwijderen als u uw bureaublad graag schoonhoudt; door de snelkoppeling te verwijderen, verwijdert u het programma *niet* van de computer. U verwijdert de snelkoppeling door deze naar de prullenbak te slepen.

Weg is weg?

De snelkoppeling is niet definitief verwijderd, maar in de prullenbak geplaatst. U kunt voorwerpen die u in de prullenbak hebt geplaatst over het algemeen altijd weer terughalen; daarover leest u meer in het volgende hoofdstuk.

Programma van internet installeren

In het hiervoor geschetste voorbeeld is alles betrekkelijk eenvoudig, omdat de installatieprocedure automatisch wordt gestart wanneer u de informatiedrager in het cd- of dvd-romstation plaatst. In deze paragraaf laten we u zien hoe u een programma installeert dat u van internet hebt gedownload. Hiertoe dient u uiteraard over een werkende internetverbinding te beschikken.

In het volgende voorbeeld installeren we het uitermate populaire – en leuke! – Google Earth op Windows 8. Google Earth is een gratis programma waarmee u een satellietfoto van uw stad, dorp of achtertuin kunt bekijken. En nog veel meer overigens, maar dat valt buiten het bestek van dít boek.

Wees voorzichtig

Installeer alleen programma's van internet waarvan u weet dat ze betrouwbaar zijn. Als u op dubieuze websites gratis (gekraakte) programma's kunt downloaden, dan loopt u het risico dat uw computer met een virus wordt besmet of van spyware wordt voorzien. Niet doen dus! Hebt u twijfel over een programma dat u downloadt of per e-mail krijgt toegestuurd, dan is het advies simpel: niet installeren!

1 Start de webbrowser Internet Explorer door op de knop **Internet Explorer** linksonder in de taakbalk te klikken. Mocht u Internet Explorer niet gebruiken, start dan uw eigen browser. U kunt ook de Internet Explorer-app van het startscherm gebruiken.

2 Klik in de adresregel bovenin en typ `earth.google.nl`. Druk daarna op Enter.

■ **Afbeelding 3.11**
Voer het webadres van Google Earth in.

De website van Google Earth verschijnt.

3 Zoek op de pagina naar de tekst **Download Google Earth** (of gelijk-waardig). In de afbeelding ziet u die tekst rechts op de pagina. Klik op de tekst.

■ **Afbeelding 3.12**
Daar vindt u Google Earth.

4 Op de volgende pagina die verschijnt klikt u op de knop **Akkoord gaan en downloaden**.

5 Er verschijnt een balk onderin die u de volgende drie keuzen biedt:

■ **Uitvoeren**   Klik op de knop **Uitvoeren** om het installatiebestand te downloaden en direct te starten. Kies deze optie als u het programma direct, eenmalig en alleen op deze computer wilt installeren; de installatieprocedure wordt verder niet bewaard.

■ **Opslaan**   Klik op de knop **Opslaan** om het installatiebestand te downloaden, waarna deze lokaal op uw vaste schijf wordt opgeslagen. Kies deze optie als u het programma later ook op een andere computer wilt installeren; u hoeft het dan namelijk niet opnieuw te downloaden. Klik op het kleine pijltje naast de knop **Opslaan** om aanvullende opties te tonen.

■ **Annuleren**   Klik op de knop **Annuleren** als u van het downloaden wilt afzien.

■ **Afbeelding 3.13**
De keuzebalk Bestand downloaden.

We zullen laten zien hoe u de installatieprocedure opslaat, zodat u het programma later eventueel nog op een andere computer kunt installeren.

6 Klik op het pijltje naast **Opslaan** en kies **Opslaan als**. Het venster Opslaan als verschijnt.

7 In het venster Opslaan als kunt u een locatie opgeven waar u het installatiebestand wilt opslaan. Standaard is dat <*naam persoonlijke map*> ▸ Downloads. Ook de naam van het installatiebestand kunt u wijzigen. Omdat hoofdstuk 4 verder op het opslaan en benoemen van documenten ingaat, laten we de aanbevolen waarden voor nu ongemoeid. Klik derhalve op **Opslaan**.

8 De installatieprocedure wordt opgeslagen in de map die u in de vorige stap hebt gespecificeerd. Wanneer het downloaden is voltooid, hebt u wederom drie keuzen:

■ **Uitvoeren**   De installatieprocedure wordt direct gestart.

■ **Afbeelding 3.14**
Bepaal waar de installatieprocedure wordt opgeslagen.

■ **Map openen** De map waar het installatiebestand is opgeslagen
wordt geopend, waarna u de installatie kunt starten door op het
installatiebestand te dubbelklikken.

■ **Downloads weergeven** De download wordt afgerond en het
venster Downloads weergeven wordt geopend. U kunt er nu voor
kiezen de installatieprocedure alsnog uit te voeren, of het venster
te sluiten.

Gemak dient de mens, dus klik op **Uitvoeren**.

■ **Afbeelding 3.15**
Het venster Downloads weergeven.

9 Vervolgens is de installatie niet erg spannend meer; dit hebt u namelijk eerder gezien. Het venster Gebruikersaccounts verschijnt wellicht, waarin u op **Ja** klikt.

10 Nadat de installatie is voltooid wordt Google Earth automatisch gestart. Wanneer het hoofdvenster verschijnt typt u links bovenin een adres in de volgende vorm: `triosingel 38, culemborg, nl`. Druk op Enter en u kunt zien waar dit boek vandaan komt!

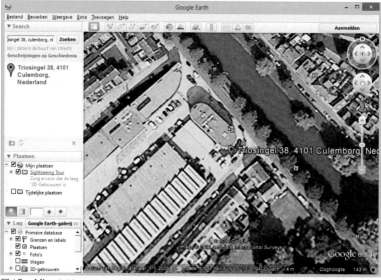

■ **Afbeelding 3.16**
Daar wordt gewerkt!

 ## De installatie later starten

Hebt u het installatiebestand wel gedownload maar nog niet gestart en u wilt dat later alsnog doen? Open dan Windows Verkenner (Win+E of klik in de taakbalk op de overeenkomstige knop) en klik op **Downloads** (in de navigatiestructuur links) om de map met gedownloade bestanden te openen.

■ Programma's verwijderen

In de loop van de tijd zult u heel wat programma's op uw computer geïnstalleerd hebben, waarvan u er sommige wellicht niet meer gebruikt. Dan is het goed om te weten dat u de installatie ongedaan kunt maken: u kunt het programma verwijderen. Daarvoor maakt u gebruik van het Configuratiescherm, dat u gebruikt om computerzaken 'te regelen'. Het verwijderen van programma's is een van die zaken en gaat als volgt:

1 Druk op Win+X en kies de opdracht **Configuratiescherm**.

■ Afbeelding 3.17
Het Configuratiescherm.

2 Klik in het venster Configuratiescherm op de tekst **Een programma verwijderen**, die u onder het kopje **Programma's** ziet staan.

■ Afbeelding 3.18
Het venster Programma's en onderdelen.

3 Selecteer het programma dat u wilt verwijderen door er eenmaal op te klikken. In de balk boven de programmalijst verschijnen nu verschillende opties, die per programma kunnen variëren. Dat zijn:

■ **Verwijderen** Klik op deze knop om het verwijderen van het programma in gang te zetten.

■ **Wijzigen** Klik op deze knop om opties in de installatie te wijzigen (bijvoorbeeld onderdelen toevoegen).

■ **Herstellen** Klik op deze knop om een beschadigde installatie te herstellen.

4 Klik op **Verwijderen**.

5 Volg eventueel de stappen op het scherm om de installatie van het programma ongedaan te maken.

6 Sluit het Configuratiescherm door op de sluitknop rechtsboven te klikken.

■ Windows-onderdelen in- of uitschakelen

Tijdens de installatie van Windows zijn de meest gangbare onderdelen geïnstalleerd. U kunt er echter voor kiezen om bepaalde onderdelen uit te schakelen, of ontbrekende onderdelen in te schakelen. Omdat u beslissingen hierover pas in een later stadium zult kunnen nemen – wanneer u wat meer ervaring met Windows 8 hebt – beperken we ons in deze paragraaf tot het beschrijven van de handelingen:

1 Druk op Win+X en kies de opdracht **Configuratiescherm**.

2 Klik op het kopje **Programma's**.

3 Klik op de tekst **Windows-onderdelen in- of uitschakelen**.

4 Bekijk de beschikbare onderdelen in het venster Windows-onderdelen. Beschikt u over Windows 8 Pro en wilt u uw computer bijvoorbeeld gebruiken om virtuele werkstations te kunnen gebruiken – u begrijpt dat dit in dit boek niet aan de orde komt! – dan schakelt u de gewenste onderdelen (Hyper-V) in door vinkjes in de overeenkomstige vakjes te plaatsen (klikken). Onderdelen worden uitgeschakeld door vinkjes te verwijderen (eveneens klikken).

5 Klik op **OK** om uw keuzen te bevestigen of op **Annuleren** om het venster Windows-onderdelen te sluiten zonder dat er iets aan de installatie van Windows gewijzigd wordt.

Afbeelding 3.19
Selecteer de gewenste onderdelen.

Weet wat u doet

U kunt uitgeschakelde Windows-onderdelen later altijd weer inschakelen, en omgekeerd. Weet u echter niet precies wat u doet, laat de instellingen in het venster Windows-onderdelen dan bij voorkeur ongemoeid!

Oude programma's gebruiken

Tot slot van dit hoofdstuk kijken we naar het werken met 'oude' programma's. Ongetwijfeld hebt u thuis cd's liggen met programma's die u in de winkel, op de computerbeurs of online hebt gekocht. Deze programma's zijn hoogstwaarschijnlijk niet gemaakt voor Windows 8, maar het merendeel zal desalniettemin probleemloos werken en op dezelfde manier te installeren zijn als eerder in dit hoofdstuk is beschreven. Mocht een ouder programma echter toch niet naar behoren functioneren, dan kunt u een beroep doen op de wizard Probleemoplosser voor programmacompatibiliteit. Alhoewel er geen garantie is dat die een niet-werkend programma aan de praat krijgt, is de kans dat dat lukt wel vrij groot.

Probeer deze stappen uit om een geïnstalleerd, ouder programma op Windows 8 werkend te krijgen:

1 Druk op Win+X en kies de opdracht **Configuratiescherm**.

2 Klik op het kopje **Programma's**.

3 Klik op de tekst **Programma's uitvoeren die gemaakt zijn voor vorige versies van Windows**.

Afbeelding 3.20
De wizard Probleemoplosser voor programmacompatibiliteit.

De wizard Probleemoplosser voor programmacompatibiliteit wordt
gestart.

4 Klik op **Volgende**.

5 Een lijst met geïnstalleerde programma's wordt getoond. Selecteer het
programma dat niet naar behoren functioneert en klik op **Volgende**.

Afbeelding 3.21
Geef aan om welk programma het gaat.

6 Maak een keuze uit de opties die worden getoond. U kunt aanbevolen instellingen gebruiken, maar eventueel ook zelf problemen met het programma oplossen. Kies bijvoorbeeld de laatste optie.

7 Schakel het selectievakje **Het programma werkte in oudere versies van Windows maar kan nu niet worden geïnstalleerd of uitgevoerd** in en klik op Volgende.

8 Selecteer het besturingssysteem waarvoor het programma oorspronke- lijk is ontworpen, of het besturingssysteem waarop u het programma eerder wel werkend kreeg (bijvoorbeeld Windows XP met Service Pack 3). Kijk eventueel op de verpakking van het programma en zoek naar de systeemeisen.

Afbeelding 3.22
Selecteer een compatibel besturingssysteem.

9 Klik op **Volgende**.

10 U kunt het programma nu testen. Mocht het programma nog niet wer- ken, voer de stappen dan opnieuw uit en probeer andere instellingen of gebruik de aanbevolen instellingen.

11 Klik op **Volgende**.

12 In het venster dat nu verschijnt kunt u de instellingen voor de incom- patibele toepassing opslaan. Sluit de wizard vervolgens.

■ **Afbeelding 3.23**
Sla de instellingen op.

 Eenmalig instellen

U hoeft de wizard voor een bepaald programma slechts eenmaal te doorlopen; daarna onthoudt Windows 8 zelf in welke compatibiliteits-modus een programma moet worden uitgevoerd.

Hoofdstuk **4**

Bestanden, mappen en bibliotheken

In de voorgaande hoofdstukken hebt u kennisgemaakt met termen als document, bibliotheek, bestand en map. In dit hoofdstuk gaan we wat dieper op deze materie in en kijken we hoe u uw werk in Windows 8 kunt organiseren. Mappen en bestanden spelen daar een belangrijke rol in.

Bestanden

De verzamelnaam voor documenten en programma's die u op de computer opslaat is 'bestanden'. Wanneer u een brief typt of muziek downloadt en u slaat dat op, gebeurt dat in een bestand. Programma's die u van internet ophaalt worden opgeslagen in een bestand. Maar ook de programmaonderdelen van Windows zelf staan in bestanden op de vaste schijf. Enfin, u begrijpt dat de term 'bestand' een belangrijke rol in Windows speelt.

Omdat uw computer tienduizenden en tienduizenden bestanden bevat (waarschijnlijk zelfs meer dan honderdduizend), slaat Windows die overzichtelijk op: in mappen. Bovendien kunt u meerdere mappen onderbrengen in bibliotheken. Voordat we in de volgende paragraaf meer over mappen en bibliotheken vertellen, kijken we echter eerst kort naar de bestanden.

Programmabestanden

Programmabestanden zijn eigenlijk helemaal niet zo interessant, maar u zult er toch regelmatig mee te maken krijgen. In het vorige hoofdstuk gebeurde dat al toen Google Earth werd geïnstalleerd. Hebt u er toen voor gekozen om de installatieprocedure op te slaan (in de map Downloads), dan vindt u het programmabestand (van de installatieprocedure) als volgt terug:

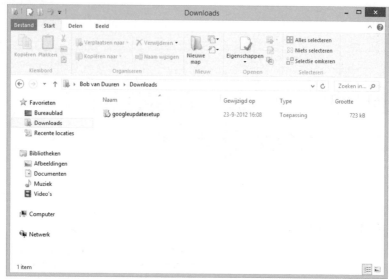

Afbeelding 4.1

De map Downloads met daarin de installatieprocedure van Google Earth.

1 Druk op Win+E om Windows Verkenner te openen en klik links in de mappenstructuur op de map Downloads.

Aan de map is niet erg veel te zien. U ziet als belangrijkste kenmerken de naam van de toepassing (googleupdatesetup), de grootte ervan en het type (toepassing). Als de kolom Type de tekst Toepassing weergeeft, is het een programma dat u kunt uitvoeren door erop te dubbelklikken.

Extensies

'Onder de motorkap' werkt Windows met onzichtbare achtervoegsels die *extensies* worden genoemd. Aan de extensie herkent Windows om wat voor bestand het gaat. Extensies beginnen met een punt gevolgd door – meestal – drie tekens; programmabestanden hebben bijna altijd de extensie .exe. U kunt extensies desgewenst zichtbaar maken door in het mapvenster op het menu **Beeld** te klikken en de optie **Bestands-naamextensies** in te schakelen. Is die optie niet zichtbaar, dan is het venster wellicht te smal kan het nodig zijn om eerst op de knop **Weer-geven/verbergen** te klikken.

■ **Afbeelding 4.2**
Weergave met extensies.

Documenten

Veel interessanter dan programmabestanden zijn de bestanden die u zelf
maakt: die noemen we vaak documenten. Documenten maakt u in een
tekenprogramma, in een tekstverwerker of tijdens het chatten met een
familielid, vriend of collega. Wanneer u documenten opslaat doet u dat
in bestanden op de vaste schijf of in de cloud (SkyDrive).

■ **Afbeelding 4.3**
Een map met documenten.

Aan de hand van de volgende eenvoudige procedure maakt u een klein
document.

1 Druk op de Windows-toets om het startscherm te openen en tik de
letters word. De tegel WordPad verschijnt; klik hierop.

Het programma WordPad wordt geopend. WordPad is een eenvoudige tekstverwerker waarmee u boodschappenlijstjes, brieven, rapport-
jes en dergelijke kunt maken.

2 Typ wat tekst, bijvoorbeeld een boodschappenlijstje. Aan het eind van
elke regel drukt u op Enter om een nieuwe regel te beginnen (zie het
voorbeeld in afbeelding 4.4).

Wanneer u klaar bent kunt u het lijstje (= uw document) opslaan; dat
gebeurt dan in een bestand.

Afbeelding 4.4
Een boodschappenlijstje in WordPad.

3 Voer een van de volgende drie handelingen uit:

- Klik op de blauwe knop (menu) **Bestand** linksboven en kies
  Opslaan in het menu dat verschijnt.

- Klik op het diskettepictogram in de titelbalk. Dit pictogram heet
  Opslaan.

- Druk op de toetsencombinatie Ctrl+S. De Ctrl-toets bevindt zich
  linksonder op het toetsenbord. Houd deze ingedrukt terwijl u op
  de S drukt.

Deze drie acties doen alle hetzelfde: ze openen het venster Opslaan
als.

Afbeelding 4.5

Het venster Opslaan als.

4 Typ een naam voor het boodschappenlijstje, bijvoorbeeld `boodschap-`
`pen voor zaterdag`.

 ## Ongeldige tekens

U mag bijna alle tekens die u op het toetsenbord kunt vinden gebruiken in bestandsnamen. De volgende tekens dient u echter te vermij-
den: \ / : * ? " < > |

5 Druk op Enter of klik op **Opslaan**.

 ## Twee smaken

Het venster Opslaan als is er in twee smaken: een grote versie (zoals te
zien is in afbeelding 4.5) en een kleine versie, waarin geen mappen
zichtbaar zijn. Klik linksonder in de grote versie op **Mappen verbergen**
om het venster te verkleinen; ziet u de kleine versie en wilt u juist de
grote versie gebruiken (aanbevolen), klik dan op **Door mappen bladeren**.

U hebt nu een document gemaakt in Windows 8. Dat is niet direct te
zien, maar als u goed naar de titelbalk van het WordPad-venster kijkt,
ziet u dat de naam van uw document in deze balk is verschenen.

■ **Afbeelding 4.6**
In de titelbalk staat de naam van het document.

Voordat u WordPad sluit kunt u het lijstje bijvoorbeeld afdrukken. Daartoe voert u een van de volgende handelingen uit:

■ Klik op **Bestand**, **Afdrukken**.

■ Druk op de toetsencombinatie Ctrl+P.

Het venster Afdrukken verschijnt waarin u op **Afdrukken** klikt om het document af te drukken.

Sluit WordPad nu door op de sluitknop rechtsboven te klikken. Of kies **Afsluiten** in het menu **Bestand** of druk op Alt+F4 (de functietoets aan de bovenkant van het toetsenbord).

Meerdere wegen

U ziet dat er vaak meerdere manieren zijn om hetzelfde te doen. Naarmate u meer met Windows werkt zult u een voorkeur voor bepaalde manieren ontwikkelen. Probeer echter af te wisselen om rsi (muisarm) te voorkomen.

En nu...?

Goed, het document is opgeslagen. Maar de vraag is natuurlijk: wáár is het opgeslagen? En hoe haalt u het document weer tevoorschijn?

Gelukkig zijn deze vragen eenvoudig te beantwoorden. Het document bevindt zich in de map Mijn documenten in de bibliotheek Documenten en u opent het door erop te dubbelklikken.

1 Druk op Win+E en klik in de mappenstructuur links op de map Documenten. Hiermee opent u de bibliotheek Documenten (zie later), waar de map Mijn documenten onderdeel van uitmaakt.

2 Dubbelklik op het document **boodschappen voor zaterdag**. Als de extensies nog zijn ingeschakeld heet het document **boodschappen voor zaterdag.rtf**.

WordPad wordt nu automatisch gestart en het boodschappenlijstje verschijnt weer op het scherm.

Afbeelding 4.7
De bibliotheek Documenten met het boodschappenlijstje.

Word wordt gestart

Als u Word (of een andere tekstverwerker) op uw computer hebt geïnstalleerd, zal dat programma in plaats van WordPad worden gestart. Wilt u het document toch met WordPad openen, klik dan met de rechtermuisknop op de naam van het document en kies **Openen met**, **WordPad**. Of start WordPad via het startscherm en kies **Bestand**, **Openen**, waarna u naar het document bladert.

Zolang u af en toe een documentje maakt, kunt u de bestanden uiteraard probleemloos in de bibliotheek Documenten opslaan. Dat wordt echter lastiger wanneer u heel veel en ook heel veel verschillende soorten documenten maakt. In dat geval is het verstandig om met mappen aan de slag te gaan.

Mappen

U kunt in Windows zelf mappen maken. Wanneer u regelmatig documenten maakt, of uw computer gebruikt om uw digitale foto's te beheren of uw muziekverzameling op te slaan, is het verstandig voldoende mappen te maken om het overzicht te bewaren. Want zeg nou zelf: als u thuis *al* uw spullen in één kast zonder planken en laatjes zou proppen, dan zou u toch nooit meer iets terug kunnen vinden?

Standaardmappen

Gelukkig neemt Windows een deel van het mappenwerk al voor zijn rekening. Zo las u eerder al dat u vanuit de taakbalk snel toegang hebt tot uw bibliotheken, zoals Muziek en Documenten. Dit is een begin, maar de indeling is natuurlijk veel te basaal. Als u al uw digitale foto's in één map zou plaatsen, wordt dat een enorme schoenendoos waarin al uw foto's door elkaar liggen.

Zelf mappen maken

U kunt zelf bepalen hoeveel mappen u maakt en hoe vaak u mappen binnen andere mappen maakt. Het is verstandig even na te denken voordat u aan de slag gaat, maar een indeling zou bijvoorbeeld kunnen zijn:

Documenten

■ Persoonlijk

   ■ Huishoudboekje

   ■ Correspondentie

   ■ Recepten

■ Zakelijk

   ■ Aangiften

   ■ Notaris

   ■ Kosten woning

Afbeeldingen

■ Vakanties

   ■ Amerika

   ■ Disneyland Parijs

   ■ Mallorca

■ Feestjes thuis

   ■ Pascal 12 jaar

   ■ Sinterklaas

   ■ Oudejaarsavond

   ■ Pascal 13 jaar

▓ Portretten

   ▓ Familie

   ▓ Vrienden

De map Muziek wordt over het algemeen ingedeeld in mappen van artiestennamen, waarbinnen zich mappen met cd's bevinden.

Uiteraard staat het u volledig vrij hoe u uw mappen indeelt. Het is echter verstandig om een logische indeling te kiezen die aansluit op uw dagelijkse gang van zaken. In de voorbeelden die nu volgen, houden we de indeling aan zoals die hiervoor is aangegeven.

Om binnen de bibliotheek Documenten de mappen Persoonlijk en Zakelijk te maken gaat u als volgt te werk:

1 Als er nog geen map is geopend klikt u in de taakbalk op het pictogram Verkenner. Dubbelklik vervolgens op het pictogram **Documenten** om de bibliotheek Documenten te openen.

   Is er al wel een map geopend, klik dan in de mappenstructuur links op **Documenten**.

Bibliotheek

Een bibliotheek is niet meer dan een verwijzing naar een verzameling mappen. Als u in de *bibliotheek* Documenten een map maakt, wordt deze feitelijk in een bestaande map gemaakt, te weten de *map* Mijn documenten. Microsoft heeft het begrip bibliotheek sinds Windows 7 toegevoegd om zo snel toegang te krijgen tot bestanden die over verschillende schijven zijn verdeeld. Maar voor praktische toepassingen kunt u de *bibliotheek* Documenten gelijk stellen aan de *map* (Mijn) documenten uit eerdere Windows-versies. Wat dan het nut nog van bibliotheken is, beschrijven we later in dit hoofdstuk.

---

2 Klik in het lint (tab **Start**) op **Nieuwe map**.

   Of klik met de rechtermuisknop in een leeg deel van de map en kies **Nieuw**, **Map**.

Sneltoets: Ctrl+Shift+N

Het maken van een nieuwe map kan ook met een toetsencombinatie: Ctrl+Shift+N.

---

3 Typ een nieuwe naam voor de map, bijvoorbeeld Persoonlijk en druk op Enter. Voor de naamgeving van mappen geldt hetzelfde als voor de naamgeving van bestanden: de tekens \ / : * ? " < > | zijn niet toegestaan.

4 Herhaal de stappen 2 en 3, maar typ nu de naam `Zakelijk`.

U hebt nu twee nieuwe mappen gemaakt. Gebruik desgewenst de opties op de tab **Beeld** in het lint om de weergave te wijzigen.

Afbeelding 4.8

De nieuwe mappen Zakelijk en Persoonlijk, gemaakt in de bibliotheek Documenten.

Wilt u binnen de map Persoonlijk de mappen Huishoudboekje, Correspondentie en Recepten maken, ga dan als volgt te werk:

1 Dubbelklik op de map Persoonlijk om deze te openen. U kunt ook eenmaal op de mapnaam klikken en aansluitend op de knop **Openen** klikken (tab **Start** in het lint).

De inhoud van de map Persoonlijk verschijnt. De map is nog leeg.

2 Klik in het lint op **Nieuwe map**.

3 Typ een nieuwe naam voor de map, bijvoorbeeld `Huishoudboekje` en druk op Enter.

4 Klik in het lint op **Nieuwe map**.

5 Typ een nieuwe naam voor de map, bijvoorbeeld `Correspondentie` en druk op Enter.

6 Klik in het lint op **Nieuwe map**.

7 Typ een nieuwe naam voor de map, bijvoorbeeld `Recepten` en druk op Enter.

■ **Afbeelding 4.9**
De mappen Huishoudboekje, Correspondentie en Recepten gemaakt in de map Persoonlijk.

Als u naar de afbeelding kijkt, ziet u nu direct wat er aan de hand is: In de adresregel van het venster ziet u waar u zich bevindt: Bibliotheken ▸ Documenten ▸ Persoonlijk. Klik in deze regel op **Documenten** om naar het niveau Documenten terug te keren; u kunt ook links – in de mappenstructuur – op **Documenten** klikken. Als u binnen de map Persoonlijk op Huishoudboekje dubbelklikt wordt de map Huishoudboekje geopend en toont de adresregel Bibliotheken ▸ Documenten ▸ Persoonlijk ▸ Huishoudboekje.

 Oefening
Maak nu de mappenstructuur na zoals aangegeven aan het begin van deze paragraaf. Gebruik desgewenst eigen mapnamen.

Mappenstructuur

Nadat u een aantal mappen hebt gemaakt, is het wellicht handig om de structuur van de indeling zichtbaar te maken. Daartoe gebruikt u het navigatiepaneel links in het venster. Klik op het driehoekje voor Documenten en vervolgens op het driehoekje voor Mijn documenten. U kunt op driehoekjes blijven klikken: een uitgevouwen structuur klapt dan in en een ingeklapte structuur vouwt uit.

■ **Afbeelding 4.10**
Daar is de structuur.

De structuur wordt weergegeven zoals het overzicht aan het begin van deze paragraaf: ingesprongen mappen geven een nieuw niveau in de structuur aan. Als er een wit driehoekje voor een mapnaam staat, houdt dat in dat die map zelf ook mappen bevat (mappen in mappen worden vaak submappen genoemd). Klik op het driehoekje om de mappen zichtbaar te maken. Het witte driehoekje wordt zwart en gaat naar beneden wijzen. Klik op zo'n zwart driehoekje om de submappen weer te verbergen.

 Dubbelklikken

U kunt op een map met een driehoekje ervoor dubbelklikken om de mappen daaronder te verbergen of te tonen.

Vanuit de structuur opent u een map (lees: maakt u de inhoud zichtbaar) door erop te klikken. Klik bijvoorbeeld op Documenten om het eerder gemaakte boodschappenlijstje weer zichtbaar te maken.

Opties

De navigatiestructuur heeft twee opties die u kunt instellen. De eerste heet **Alle mappen weergeven** en heeft tot gevolg dat de structuurweergave meer op die van Windows Vista lijkt. De tweede optie heet **Uitvouwen in huidige map** en heeft tot gevolg dat de structuur automatisch uitvouwt naar de map de u hebt geopend. U schakelt de opties in en uit door met de rechtermuisknop in een leeg deel (!) van de navigatiestructuur te klikken en op de gewenste optie te klikken.

▊ Afbeelding 4.11
Opties voor de navigatiestructuur.

Documenten in mappen opslaan

Uiteraard hebben mappen pas zin als u er wat mee doet. Voordat u dadelijk een tweede document maakt, kijken we eerst hoe u documenten die niet in de juiste map staan, alsnog in de juiste map plaatst. De boodschappenlijst verplaatst u bijvoorbeeld naar de map Huishoudboekje.

1 Klik in de structuur op de bibliotheek Documenten om de inhoud zichtbaar te maken; u ziet nu (onder andere) het boodschappenlijstje.

2 Klik indien nodig in de structuur op het driehoekje bij de bibliotheek Documenten en aansluitend op het driehoekje bij de map Mijn documenten zodat de mappen Persoonlijk en Zakelijk zichtbaar zijn.

3 Klik in de structuur op het driehoekje bij de map Persoonlijk zodat de mappen Correspondentie, Huishoudboekje en Recepten zichtbaar zijn.

4 Sleep het bestand **boodschappen voor zaterdag** vanuit het mapvenster boven op de map Huishoudboekje.

Zodra de aanwijzer boven de map zweeft verschijnt de tekst Verplaatsen naar Huishoudboekje. Laat de muisknop op dat moment los.

5 Controleer de bibliotheek Documenten en zie dat het bestand is verdwenen. Klik in de structuur nu op de map Huishoudboekje om het bestand weer zichtbaar te maken.

Verkeerd verplaatst?

Hebt u de muisknop boven een verkeerde map losgelaten en kunt u het bestand niet meer terugvinden? Druk dan op Ctrl+Z om het verplaatsen ongedaan te maken en het boodschappenlijstje terug te verplaatsen naar de oorspronkelijke locatie.

Werkbalk Snelle toegang

Wilt u een handeling met de muis ongedaan kunnen maken? Open dan het menu **Snelle toegang** door op het naar beneden wijzende zwarte pijltje in de linkerbovenhoek van de titelbalk van het venster te klikken. Er verschijnen nu diverse opdrachten, waaronder **Ongedaan maken**. Als u een opdracht selecteert, wordt deze aan de werkbalk Snelle toegang (links van het pijltje) toegevoegd, zodat u er snel toegang toe hebt.

■ **Afbeelding 4.12**
Ongedaan maken (het blauwe, kromme pijltje) is aan de werkbalk Snelle toegang toegevoegd.

In de volgende oefening typt u een korte brief die u direct in de map Persoonlijk ▸ Correspondentie plaatst.

1 Start WordPad, zoals is besproken op pagina 66.

2 Typ wat tekst, bijvoorbeeld een korte brief. U hoeft aan het eind van een regel niet op Enter te drukken, want WordPad gaat automatisch op de volgende regel verder.

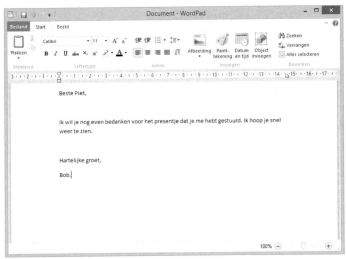

Beste Piet,

Ik wil je nog even bedanken voor het presentje dat je me hebt gestuurd. Ik hoop je snel weer te zien.

Hartelijke groet,

Bob.

Afbeelding 4.13
Een korte brief.

3 Sla de brief op de gewenste wijze op. Klik bijvoorbeeld op het diskettepictogram linksboven in de titelbalk.

Het venster Opslaan als verschijnt. Als het venster linksonder de tekst **Door mappen bladeren** bevat, klik hier dan op om het venster te vergroten.

4 Typ een naam voor de brief, bijvoorbeeld `bedankje piet`. Druk nog niet op Enter.

Als u het venster Opslaan als bekijkt, ziet u een aantal zaken die met mappen te maken hebben. U kunt de mappenstructuur of de adresregel gebruiken om naar een bepaalde map te bladeren, maar veel eenvoudiger is het om de gewenste map rechtstreeks te openen.

5 Dubbelklik in het venster op de map **Persoonlijk**.

Afbeelding 4.14
Open de map Persoonlijk.

6 Dubbelklik op de map **Correspondentie**.

7 Klik op **Opslaan**.

Het document is nu opgeslagen in de door u gewenste map. U kunt het op de – inmiddels – bekende manier zichtbaar maken, openen of verplaatsen.

■ Bibliotheken gebruiken

Om het overzicht op bestanden die op verschillende schijfstations zijn opgeslagen te vereenvoudigen, heeft Microsoft het concept *bibliotheek* geïntroduceerd. Een bibliotheek bevat zelf geen documenten, maar slechts verwijzingen naar mappen die u in die bibliotheek wilt opnemen; de bestanden die in de aan de bibliotheek toegevoegde mappen staan verschijnen daarmee vanzelf in de bibliotheek. Met de eerder in dit boek besproken opties voor sorteren en rangschikken kunt u de inhoud van een bibliotheek rubriceren.

Het is belangrijk dat u zich realiseert dat een bibliotheek eigenlijk 'niets' is; u kunt een bibliotheek verwijderen, maar daarmee verwijdert u niet de mappen (en de bestanden) die daarin staan. Het enige wat u weggooit is het 'lijstje' met mappen waaruit de bibliotheek is opgebouwd. Hebt u per ongeluk een van de standaardbibliotheken (zoals Muziek of Afbeeldingen) verwijderd, wanhoop dan niet: klik in de navigatiestructuur met de rechtermuisknop op **Bibliotheken** en kies de opdracht **Standaardbibliotheken herstellen**.

■ **Afbeelding 4.15**
Een standaardbibliotheek herstellen.

Bibliotheken bewijzen hun nut bij grote verzamelingen bestanden die op verschillende locaties worden bewaard. Heeft uw computer meerdere schijfstations (intern of extern), dan is het niet ondenkbaar dat foto's of muziekbestanden op verschillende plekken zijn opgeslagen. Voegt u die locaties toe aan een bestaande of eigen bibliotheek, dan hebt u zo snel toegang tot deze 'versnipperde' bestanden.

Bibliotheken uitbreiden

Om een map aan een bestaande bibliotheek toe te voegen gaat u als volgt te werk:

1 Sluit eventueel geopende vensters en klik in de taakbalk op de knop Verkenner.

Het venster Bibliotheken verschijnt.

███ **Afbeelding 4.16**
Het venster Bibliotheken.

2 Open de gewenste bibliotheek door erop te dubbelklikken (bijvoorbeeld Afbeeldingen). In de statusbalk onderin ziet u het aantal locaties dat in de bibliotheek is opgenomen.

███ **Afbeelding 4.17**
De bibliotheek Afbeeldingen.

3 Klik op de tab **Beheren**, onder de kop **Hulpprogramma's voor biblio-theken** en klik op **Bibliotheek beheren**, geheel links in het lint.

Het venster Locaties voor bibliotheek verschijnt.

4 Klik op de knop **Toevoegen**. Het venster Map opnemen verschijnt waarin u – op de inmiddels bekende wijze – naar een map kunt blade-ren; gebruik **Computer** in de navigatiestructuur om naar een map op een willekeurige schijf te bladeren.

5 Is de gewenste map geopend, klik dan op **Map opnemen**. De door u geselecteerde map wordt aan de lijst Bibliotheeklocaties toegevoegd.

Locaties voor bibliotheek Afbeeldingen

Wijzigen hoe inhoud voor deze bibliotheek wordt verzameld

Als u een map in een bibliotheek opneemt, worden de bestanden in die map in de bibliotheek weergegeven. Deze bestanden blijven echter opgeslagen op hun oorspronkelijke locaties.

Bibliotheeklocaties

		Toevoegen...
Mijn afbeeldingen C:\Users\Bob\Pictures	Standaardopslagloca...	Verwijderen
Openbare afbeeldingen C:\Users\Public\Pictures	Openbare opslagloc...	
Openbare afbeeldingen D:\Users\Public\Pictures		
Windows C:\Windows		

Meer informatie over bibliotheken

OK   Annuleren

■ **Afbeelding 4.18**
Het venster Locaties voor bibliotheek met een zelf toegevoegde locatie (map).

6 Herhaal de voorgaande twee stappen desgewenst om meer mappen aan de bibliotheek toe te voegen. Klik op **OK** wanneer u alle mappen hebt toegevoegd.

Vervolgens zal Windows de informatie uit de map aan de bibliotheek toevoegen. Wanneer u bestanden aan de onderliggende mappen toe-voegt of eruit verwijdert, dan zal dat in de bibliotheek zichtbaar zijn.

Wat opvalt is dat Windows de bestanden per map groepeert. Dat kan handig zijn, maar als u alles liever 'op één hoop' gooit, dan kan dat ook: klik dan met de rechtermuisknop in een leeg deel van de bibliotheek en kies **Groeperen op**, **Geen**. De bestanden worden nu als stonden ze in één map weergegeven. Stelt u toch prijs op de groepering per map, klik dan weer met de rechtermuisknop in een leeg gedeelte van de biblio-theek en kies **Rangschikken op**, **Wijzigingen ongedaan maken**.

Bestand   Start   Delen   Beeld

Afbeelding 4.19

Informatie uit de toegevoegde map verschijnt in de bibliotheek.

Locaties verwijderen

Uiteraard is het ook mogelijk om locaties uit een bibliotheek te verwijderen. Ga daartoe als volgt te werk:

1 Klik in het lint op **Bibliotheek beheren** (tab **Beheren, Hulpprogramma's voor bibliotheken**).

Het venster Locaties voor bibliotheek verschijnt.

2 Selecteer de gewenste locatie in de lijst Bibliotheeklocaties en klik op de knop **Verwijderen**. Herhaal deze stap voor alle locaties die u uit de bibliotheek wilt verwijderen.

3 Sluit het venster door op **OK** te klikken.

Uiteraard verwijdert u de mappen (en hun inhoud) *niet* met deze handeling; de mappen maken enkel niet langer onderdeel van de bibliotheek uit.

Eigen bibliotheken

Uiteraard hoeft u zich niet tot de standaardbibliotheken te beperken, maar kunt u ook zelf bibliotheken aanleggen. Dit gaat het eenvoudigst vanuit het venster Bibliotheken, dat u opent door in de taakbalk op de

knop Verkenner te klikken of – als er al een venster zichtbaar is – in de
structuur op **Bibliotheken** te klikken. Om een nieuwe bibliotheek te
maken gaat u als volgt te werk:

1 Klik in het lint (tab **Start**) op de knop **Nieuw item** en klik op **Bibliotheek**.

■ **Afbeelding 4.20**
De knop Nieuw item.

2 Typ een naam voor de bibliotheek en druk op Enter.

3 Open de bibliotheek door erop te dubbelklikken.

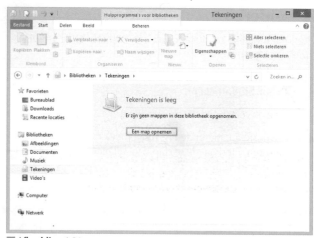

■ **Afbeelding 4.21**
Een eigen bibliotheek.

Aangezien de bibliotheek direct na het maken ervan nog geen toegevoegde locaties bevat, verschijnt de melding dat uw nieuwe bibliotheek nog leeg is. Klik op de knop **Een map opnemen** om mappen aan
uw nieuwe bibliotheek toe te voegen.

Bibliotheken verwijderen

Bibliotheken die u niet meer nodig hebt, kunt u eenvoudig verwijderen: klik in de navigatiestructuur met de rechtermuisknop op de naam van de bibliotheek en klik in het menu dat verschijnt op **Verwijderen**. Ook kunt u in dit menu de naam van een bibliotheek wijzigen.

Standaardopslaglocatie

Omdat een bibliotheek doorgaans meerdere mappen bevat, zal het kopiëren of verplaatsen van een bestand naar een bibliotheek naar een vooraf gedefinieerde map in de bibliotheek moeten gebeuren. Dit wordt de *standaardopslaglocatie* genoemd: als u een bestand in een bibliotheek plaatst, wordt het altijd in de map geplaatst die als standaardopslaglocatie is gedefinieerd. U past deze locatie aan via de knop **Opslaglocatie instellen** op de tab **Beheren**.

■ **Afbeelding 4.22**
Standaardopslaglocatie aanpassen.

■ Beheer

De titel van deze paragraaf klinkt wellicht een beetje intimiderend, maar dat valt gelukkig wel mee; te meer omdat een deel van de beheertaken de revue al is gepasseerd. Bij beheer moet u denken aan:

■ verwijderen

■ verplaatsen

■ kopiëren

■ naam wijzigen

Deze taken gelden overigens zowel voor mappen als voor bestanden, en in veel gevallen ook voor bibliotheken.

Bestanden en mappen verwijderen

Ga als volgt te werk om een bestand of map te verwijderen:

1 Zoek – bijvoorbeeld met behulp van de structuur of door de juiste mappen te openen – de map of het bestand dat u wilt verwijderen.

2 Voer een van de volgende handelingen uit:

■ Sleep het item naar de prullenbak.

■ Klik met de rechtermuisknop op het item en kies **Verwijderen**.

■ Selecteer het item en druk op de knop Delete.

In alle gevallen wordt het verwijderde item in de prullenbak geplaatst.

Inhoud ook weg

Let op: als u een map verwijdert waarin zich submappen en/of documenten bevinden, verwijdert u die submappen en documenten eveneens!

Prullenbak overslaan

Wilt u een document of map *definitief* verwijderen zonder het in de prullenbak te plaatsen? Dat kan door het item met ingedrukte Shift-toets naar de prullenbak te slepen, door op Shift+Delete te drukken of door Shift ingedrukt te houden wanneer u in het snelmenu op **Verwijderen** klikt. In de laatste twee gevallen krijgt u eerst een waarschuwing. Maar daarna geldt: weg is dan écht weg!

Waarschuwing herstellen

In eerdere versies van Windows verscheen een melding als u een item in de prullenbak plaatste; deze waarschuwing wordt nu niet langer gegeven. Vindt u het prettig om deze waarschuwing toch te krijgen, klik dan met de rechtermuisknop op de prullenbak en kies **Eigenschappen**. In het venster Eigenschappen van Prullenbak schakelt u vervolgens de optie **Vragen om bevestigen bij verwijderen** in.

Items uit de prullenbak terugzetten

De prullenbak is niets meer dan een speciale map in Windows 8. U kunt de inhoud bekijken door op het pictogram van de prullenbak te dubbelklikken, dat zich op het bureaublad bevindt.

Afbeelding 4.23
De inhoud van de prullenbak.

In de prullenbak ziet u items die verwijderd zijn. Wilt u een item terugzetten, klik er dan op en klik op de knop **De geselecteerde items terugzetten** in het lint. Wilt u alle items terugzetten, klik dan op **Alle items terugzetten**.

Prullenbak legen

De prullenbak is niet oneindig groot; op een gegeven moment zullen de oudste items definitief worden verwijderd. U kunt de grootte van de prullenbak desgewenst wijzigen door in de map Prullenbak op **Eigenschappen van de Prullenbak** te klikken.

Als u zelf invloed op de inhoud van de prullenbak wilt uitoefenen, kunt u ervoor kiezen de prullenbak geheel of gedeeltelijk te legen.

- Om de prullenbak volledig te legen klikt u in de map Prullenbak op de knop **Prullenbak leegmaken** in het lint.

- Om selectief items uit de prullenbak te verwijderen selecteert u het gewenste item en drukt u op Delete of u klikt met de rechtermuisknop op het item en kiest **Verwijderen**.

In beide gevallen verschijnt er een venster dat u om bevestiging vraagt.

■ **Afbeelding 4.24**
Weet u het zeker?

 ### Snel de prullenbak legen

Klik met de rechtermuisknop op het pictogram **Prullenbak** op het bureaublad en kies **Prullenbak leegmaken**. Zo kunt u de prullenbak snel leegmaken zonder dat u deze eerst hoeft te openen. U wordt wel nog om een bevestiging gevraagd.

Items verplaatsen

Eerder in dit hoofdstuk hebben we gezien hoe u bestanden verplaatst: door ze eenvoudigweg op een andere map te slepen. Mappen zélf worden op identieke wijze verplaatst. Wilt u bij nader inzien de map Kosten woning naar de map Persoonlijk verplaatsen, dan gaat u als volgt te werk:

1 Open de bibliotheek **Documenten**.

2 Dubbelklik op de map **Zakelijk**.

3 Maak de structuur – indien nodig – zichtbaar en zorg dat de map Persoonlijk in de structuur zichtbaar is.

4 Sleep de map Kosten woning boven op de map Persoonlijk.

5 Laat de muisknop los.

De map is nu verplaatst.

U kunt de map overigens eenvoudig terugplaatsen door hem vanuit de structuur terug in het mapvenster te slepen.

Items kopiëren

Met regelmaat zult u mappen en bestanden willen kopiëren. Stel dat u het eerder gemaakte bedankje aan Piet ook aan Karel wilt sturen. U kunt dan een volledig nieuwe brief schrijven, maar makkelijker is het om eerst

een kopie van de brief aan Piet te maken en die aan te passen voor Karel.
Ga als volgt te werk:

1 Open de map Correspondentie.

2 Sleep – binnen het venster – het bestand **bedankje piet** naar een leeg
gedeelte terwijl u de Ctrl-toets ingedrukt houdt.

Bij de aanwijzer verschijnt een plus en de tekst Kopiëren naar
Correspondentie.

3 Laat de muisknop en de Ctrl-toets los. Er staan nu twee bestanden in
de map Correspondentie.

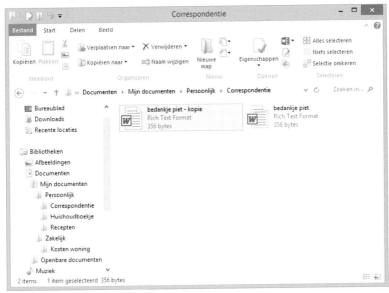

■ **Afbeelding 4.25**
Het bedankje is gekopieerd.

Zoals u ziet is de naam van de kopie **bedankje piet - kopie** geworden.
Daar doen we in de volgende paragraaf wat aan.

 Ook naar andere mappen

Sleep een document met ingedrukte Ctrl-toets naar een andere map
en de kopie wordt in een andere map geplaatst. De naam wordt dan
echter *niet* gewijzigd.

De naam van items wijzigen

Om de naam van een bestand (of map) te wijzigen staan u wederom verschillende middelen ter beschikking. In de volgende procedure wijzigt u de naam van **bedankje piet - kopie** in **bedankje karel**.

1 Klik – als het nog niet is geselecteerd – eenmaal op het bestand **bedankje piet - kopie** zodat het wordt geselecteerd.

2 Voer nu een van de volgende handelingen uit:

- Klik in het lint (tab **Start**) op **Naam wijzigen**.

- Druk op de functietoets F2.

- Klik nogmaals op de naam van het bestand.

In alle gevallen wordt de naam bewerkbaar en kunt u een nieuwe naam invoeren. Sluit af met een druk op Enter.

Afbeelding 4.26
De naam wordt gewijzigd.

 Pas op met extensies

Als de extensies van bestanden nog steeds zichtbaar zijn, dient u er rekening mee te houden dat u die *niet* mag wijzigen. Anders weet Windows niet meer om wat voor type bestand het gaat. Wijzigt u de extensie per ongeluk wél, dan waarschuwt Windows u hiervoor.

Afbeelding 4.27
Pas op met extensies.

Verplaatsen en kopiëren naar andere stations

Microsoft probeert het de gebruiker zo makkelijk mogelijk te maken. Daarbij verwacht Windows 8 bijvoorbeeld dat wanneer u een document van de map Zakelijk naar de map Persoonlijk sleept, dat u het bestand wilt verplaatsen; wilt u het bestand kopiëren, dan gebruikt u de Ctrl-toets. Anders wordt het echter wanneer u een bestand van het ene station naar het andere station sleept (bijvoorbeeld van de ene vaste schijf naar de andere, of vanaf een USB-stick of geheugenkaartje naar de vaste schijf). In dat geval zal Windows de bestanden automatisch voor u kopiëren; u ziet dat aan de tekst die bij de aanwijzer verschijnt. Wilt u een bestand van het ene station naar het andere verplaatsen, houd dan de Shift-toets tijdens het slepen ingedrukt.

Selecteren

In dit hoofdstuk is met enige regelmaat de term selecteren gevallen. Selecteren doet u over het algemeen door op een item te klikken. Windows biedt echter ook de mogelijkheid om meerdere items (bijvoorbeeld: bestanden) te selecteren: nadat u een item hebt geselecteerd, klikt u met ingedrukte Ctrl-toets op een tweede item; dit tweede item wordt dan eveneens geselecteerd. Hier kunt u net zolang mee doorgaan als u wenst. Wilt u een rij opeenvolgende items selecteren dan kan het nog eenvoudiger: klik op het eerste item en klik met ingedrukte Shift-toets op het laatste item; alle items van het eerste tot en met het laatste worden nu geselecteerd.

De volgende procedure beschrijft hoe u een aantal foto's van een geheugenkaartje van een digitale camera naar de bibliotheek Afbeeldingen kopieert. Daarbij gaan we ervan uit dat uw computer over een kaartlezer beschikt.

1 Plaats de geheugenkaart in de kaartlezer.

2 Rechtsboven in het scherm verschijnt een melding. Klik hierop en selecteer de optie **Map en bestanden weergeven**. De inhoud van de

kaart wordt getoond. Het kan ook zijn dat de map van de kaart direct
wordt geopend.

3 Open – indien nodig – de map met afbeeldingen op de kaart. Vaak
heet die map DCIM.

4 Klik met ingedrukte Shift-toets op de knop **Verkenner** in de taakbalk.
De map Bibliotheken wordt in een tweede venster geopend. Open in
dit venster de bibliotheek Afbeeldingen.

Afbeelding 4.28
De twee mappen naast elkaar.

5 Selecteer in de map met foto's een of meer afbeeldingen, met behulp
van de toetsen Ctrl of Shift. Druk desgewenst op Ctrl+A om alle foto's
te selecteren.

6 Plaats de muisaanwijzer op een van de geselecteerde afbeeldingen en
sleep deze naar de bibliotheek Afbeeldingen. U zult zien dat alle
andere geselecteerde afbeeldingen worden 'meegenomen'.

 ## De map Afbeeldingen is niet meer zichtbaar

Als de map Afbeeldingen onverhoopt *onder* de map met foto's verdwijnt, dan is er geen man overboord. Uiteraard kunt u de vensters
verplaatsen, maar Windows 8 kent nog een ander handig trucje. Sleep
de foto's naar de *knop* **Windows Verkenner** op de taakbalk (laat de
muisknop niet los!) en vervolgens naar de miniatuur van de map
Afbeeldingen, wacht even en de map Afbeeldingen wordt automatisch
bovenop gelegd. Vervolgens sleept u verder naar de map Afbeeldingen
en laat daar de muisknop los.

De map verschijnt niet

Als er geen melding verschijnt wanneer u de kaart plaatst en de map wordt ook niet automatisch geopend, druk dan op Win+E en dubbelklik op het pictogram van de kaartlezer. De hoofdmap van het geheugenkaartje wordt nu geopend.

Snelkoppelingen

Eerder in dit boek is de term *snelkoppeling* al even gevallen. Een snelkoppeling is een pictogram dat snel toegang tot een bepaald bestand geeft; dat kan een programma zijn, maar ook een document of zelfs een map. U kunt snelkoppelingen overal plaatsen en een veelgebruikte locatie is het bureaublad. Stel dat u een groot aantal brieven moet schrijven, dan kunt u snelkoppelingen naar de map Correspondentie op het bureaublad maken. Dubbelklikken op de snelkoppeling is dan voldoende om de map te openen.

U maakt als volgt een snelkoppeling naar de map Correspondentie.

1 Open de bibliotheek **Documenten**.

2 Dubbelklik op de map **Persoonlijk**.

3 Klik met de rechtermuisknop op de map Correspondentie en kies **Snelkoppeling maken**.

■ **Afbeelding 4.29**
Daar staat de snelkoppeling.

Er verschijnt een extra bestand in de map Persoonlijk met de naam Correspondentie - snelkoppeling. Dit is de snelkoppeling.

4 Sleep de snelkoppeling vanuit de map naar het bureaublad.

U kunt de map Correspondentie nu razendsnel openen door op de snelkoppeling te dubbelklikken. U kunt de snelkoppeling – zoals ieder ander bestand – een andere naam geven, verplaatsen of verwijderen.

Snelkoppeling verwijderen

Wanneer u de snelkoppeling verwijdert, verwijdert u niet het onderliggende item. Met andere woorden: als u de snelkoppeling naar de map Correspondentie verwijdert, verwijdert u alleen de snelkoppeling, maar niet de map Correspondentie zelf.

Een snelkoppeling naar een programma maakt u als volgt:

1 Open het startscherm.

2 Zoek in het startscherm naar de tegel van het programma waarvan u een snelkoppeling wilt maken.

3 Klik met de rechtermuisknop op de tegel van het programma en kies **Bestandslocatie openen** in de appbalk.

De map met de snelkoppeling naar het gewenste programma wordt nu geopend en de snelkoppeling wordt automatisch geselecteerd.

4 Sleep de geselecteerde snelkoppeling naar het bureaublad. De tekst bij de aanwijzer geeft aan dat u het item verplaatst en dat is niet de bedoeling. Druk dus op Ctrl om er een kopieeractie van te maken.

5 Laat de muisknop los en laat aansluitend de Ctrl-toets los.

U hebt nu een kopie van de snelkoppeling op het bureaublad gezet. Omdat het startscherm zélf uit snelkoppelingen bestaat, is de kopie ook een snelkoppeling.

Snelkoppeling naar Documenten

U maakt snel een snelkoppeling naar de bibliotheek Documenten op het bureaublad door in een Verkenner-venster met de rechtermuisknop op **Documenten** te klikken. Kies vervolgens **Kopiëren naar** gevolgd door **Bureaublad (snelkoppeling maken)**.

■ **Afbeelding 4.30**
Zo maakt u snel een snelkoppeling naar de map Documenten.

De map Bureaublad

Zonder de zaak ingewikkelder te willen maken dan strikt noodzakelijk is,
is het goed om te weten dat het bureaublad zelf – onder de motorkap
van Windows 8 – óók een map is. In het Verkenner-venster kunt u de
map terugvinden in de categorie Favorieten (is deze categorie niet zichtbaar, klik dan met de rechtermuisknop in een leeg deel van de mappenstructuur en kies **Favorieten weergeven**). Als u op de map **Bureaublad**
klikt, ziet u de inhoud van deze map; hebt u al snelkoppelingen op het
bureaublad geplaatst, dan ziet u die hier eveneens staan.

■ **Afbeelding 4.31**
De map Bureaublad.

De reden dat we dit hier melden, is dat u het bureaublad dus als gewone map kunt beschouwen. U kunt er submappen in maken en bestanden in opslaan. U kunt ook bestanden vanuit een willekeurige map naar het bureaublad kopiëren of verplaatsen. Het is een goede gewoonte om bestanden op een centrale plaats te bewaren (bijvoorbeeld de map Mijn documenten in de bibliotheek Documenten), maar soms kan het handig zijn om iets op het bureaublad te parkeren (zoals bijvoorbeeld snel-koppelingen).

Om een map op het bureaublad te maken, drukt u op Ctrl+Shift+N. Of u gaat u als volgt te werk:

1 Klik met de rechtermuisknop op een leeg gedeelte van het bureaublad.

2 Klik op **Nieuw**, **Map** in het snelmenu dat verschijnt.

3 Typ een naam voor de nieuwe map en druk op Enter.

U ziet: niets nieuws onder de zon.

Wilt u vanuit een programma iets op het bureaublad opslaan (of in een map die u op het bureaublad hebt gemaakt), dan gaat u als volgt te werk:

1 Open in het programma (bijvoorbeeld WordPad) het venster **Opslaan als**.

2 Klik in de lijst Favorieten op **Bureaublad**. Eventueel gemaakte mappen op het bureaublad zijn eveneens in de structuur zichtbaar.

3 Typ een naam voor het document in het vak **Bestandsnaam** en klik op **Opslaan**.

Afbeelding 4.32
Opslaan op het bureaublad.

Snelkoppelen met de Alt-toets

Er is nog een alternatieve manier om een snelkoppeling naar een bestand te maken; daarvoor gebruikt u de Alt-toets, die zich links naast de spatiebalk bevindt:

1 Sleep een bestand naar een nieuwe locatie (dat mag binnen dezelfde map zijn) terwijl u de Alt-toets ingedrukt houdt.

Bij de aanwijzer verschijnt de melding dat u een koppeling maakt.

2 Laat de muisknop los en laat aansluitend de Alt-toets los.

De snelkoppeling is nu gemaakt. En zoals u nu wellicht ook opvalt: er staat een krompijltje in het pictogram! Zo herkent u een snelkoppeling gemakkelijk.

▌Bestanden zoeken

Naarmate u uw computer langer gebruikt en u meer documenten maakt, foto's neemt of muziek downloadt, zal het (snel) terugvinden van bepaalde documenten steeds lastiger worden – zeker als u het werk niet een beetje organiseert. Toch hoeft u niet te wanhopen, want Windows biedt allerlei hulpmiddelen om bestanden snel te lokaliseren.

Om een bestand te zoeken gaat u als volgt te werk:

1 Druk op Win+F (*find*).

2 Typ een zoekwoord in het zoekvak van de charm Bestanden zoeken die wordt geopend.

3 Druk op Enter.

Windows geeft u een overzicht van bestanden die het zoekwoord in de naam hebben. In bepaalde gevallen (zoals bij tekstdocumenten) geeft

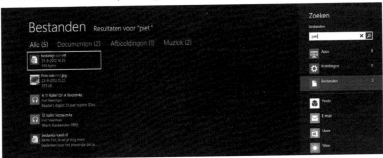

▌**Afbeelding 4.33**
Zoekresultaten op het scherm.

Windows ook bestanden weer die het zoekwoord *in* de tekst hebben staan! Zie bijvoorbeeld het bestand **bedankje karel.rtf** in de afbeelding.

Afhankelijk van de gevonden bestanden kan Windows deze in categorieën weergeven; u ziet dat dan boven in het venster (Documenten, Afbeeldingen, Muziek enzovoort). Is het zoekresultaat niet wat u verwacht, wis het zoekwoord in de charmbalk dan door op het kruisje te klikken en voer een nieuw zoekwoord in; druk daarna weer op Enter.

Hebt u het bestand gevonden dat u zocht, dan hebt u nu twee mogelijkheden:

- Klik op het bestand om het te openen; een document wordt geopend in het programma waarin het is gemaakt, een liedje wordt afgespeeld en een foto wordt geopend in de app Foto's.

- Klik met de rechtermuisknop op het bestand om de appbalk te openen en klik op **Bestandslocatie openen** om de map te openen waarin het gevonden bestand zich bevindt.

Zoeken in een map

Hebt u een Verkenner-venster geopend, dan kunt u ook gebruikmaken van het zoekvak dat zich rechtsboven in het venster bevindt. Maar let op: er wordt dan alleen in die map en in eventuele submappen gezocht. Voert u een zoekwoord in terwijl de bibliotheek Documenten is geopend, dan worden er geen liedjes in de bibliotheek Muziek gevonden.

Afbeelding 4.34
Zoeken in een map.

De hele computer doorzoeken?

Klik links in het lint op Computer om de gehele computer te doorzoeken. Omdat Windows standaard niet de complete vaste schijf indexeert, zal zo'n zoekopdracht lang kunnen duren. U kunt de indexlocaties aanpassen via de opdracht **Geavanceerde opties, Geïndexeerde locaties wijzigen** in het lint.

Zoekactie opslaan

Indien u in een map of bibliotheek zoekt, kunt u de zoekactie opslaan. Klik daartoe in het lint (tab **Zoeken**) op de knop **Zoekactie opslaan**. Uw zoekwoord wordt aan de categorie Favorieten toegevoegd. Let op: de zoekopdracht wordt opgeslagen, niet het resultaat. Als er dus bestanden worden toegevoegd die aan de zoekvoorwaarde voldoen en u klikt later in de categorie Favorieten nogmaals op uw zoekactie, dan zult u de nieuwe bestanden in het zoekresultaat terugvinden. Handig! En als altijd kunt u de zoekactie verwijderen door er met de rechtermuisknop op te klikken en **Verwijderen** te kiezen.

Hoofdstuk 5

Basisvoorzieningen

Windows 8 is voorzien van een groot aantal basisvoorzieningen die het dagelijkse werk veraangenamen. U moet hierbij denken aan bureau-accessoires in de vorm van een rekenmachine, een eenvoudig tekenprogramma, een kladblokje en een programma om knipsels mee te maken. Maar ook staan diverse apps ter beschikking die u in contact met de buitenwereld houden. In dit hoofdstuk maakt u kort kennis met deze accessoires en apps. Maar belangrijker is nog wel dat u in dit hoofdstuk het klembord van Windows leert kennen. Met het klembord wisselt u gegevens tussen programma's uit.

■ Bureau-accessoires

In het eerste deel van dit hoofdstuk behandelen we enkele van de programma's die in de bureaubladomgeving werken, zoals de rekenmachine en WordPad. Inmiddels weet u hoe u programma's vanuit het vernieuwde startscherm opent, en als u een programma regelmatig gebruikt, doet u er verstandig aan een tegel aan het startscherm toe te voegen. Uiteraard kunt u ook een snelkoppeling op het bureaublad plaatsen of het programma vastmaken aan de taakbalk, zoals u eerder in dit boek hebt geleerd.

Rekenmachine

De rekenmachine is de softwarevariant van het apparaatje dat doorgaans op uw bureau ligt. En u zult zien: net als u die nodig hebt is een collega of gezinslid ermee vandoor, of zijn de batterijen op. Dan is het goed om te weten dat Windows over een zeer complete rekenmachine beschikt.

1 Open het startscherm en typ de letters **rek**; de knop van de rekenmachine verschijnt.

2 Klik op **Rekenmachine**.

■ **Afbeelding 5.1**
Daar is de rekenmachine.

De rekenmachine ziet er nogal basaal uit, maar schijn bedriegt. Voer eerst echter de volgende – eenvoudige – handelingen uit:

1 Controleer of het lampje Num Lock op het toetsenbord brandt. Is dat niet het geval, druk dan eenmaal op de toets Num Lock die zich boven de cijfertoetsen aan de rechterkant bevindt.

2 Toets op het numerieke cijferblok een eenvoudige berekening, zoals 5 + 8 en druk op Enter.

In het display van de rekenmachine verschijnt het antwoord: 13.

3 Voer via het toetsenbord desgewenst meerdere berekeningen in. De volgende functies zijn voorhanden:

■ + optellen

■ - aftrekken

■ * vermenigvuldigen

■ / delen

4 Voer nu een berekening met de muis in: klik op de gewenste knoppen om getallen te vormen en gebruik een van de volgende knoppen voor rekenkundige bewerkingen:

■ + optellen

■ - aftrekken

- * vermenigvuldigen

- / delen

- √ wortel

- % percentage

- **1/x** omgekeerde

- **+/-** negatief/positief

Klik op de knop = om een berekening uit te voeren.

Klik op **CE** om een invoer te wissen of op **C** om een berekening te wissen. Met de knop **Backspace** wist u het laatst ingevoerde teken.

De rekenmachine beschikt ook over een eenvoudig geheugen. Daarvoor gebruikt u de volgende knoppen:

- **MC** Wis het geheugen.

- **MS** Sla de huidige waarde in het geheugen op.

- **M+** Tel de huidige waarde bij de waarde in het geheugen op.

- **MR** Vraag de inhoud van het geheugen op.

Ongetwijfeld bent u niet erg onder de indruk van deze mogelijkheden. Dat nemen we u niet kwalijk... in de standaardweergave is de functionaliteit van de rekenmachine namelijk zeer beperkt. Klik nu echter eens op **Weergave**, **Wetenschappelijk**; de rekenmachine neemt een hele andere vorm aan en biedt veel en veel meer mogelijkheden.

Afbeelding 5.2

De rekenmachine in de wetenschappelijke modus.

U kunt met de wetenschappelijke variant van de rekenmachine diverse wetenschappelijke berekeningen uitvoeren. U hebt onder andere de volgende functies tot uw beschikking:

- **sin** sinus; selecteer **Inv** voor de inverse functie en **Hyp** voor de hyperbolische functie

- **cos** cosinus; selecteer **Inv** voor de inverse functie en **Hyp** voor de hyperbolische functie

- **tan** tangens; selecteer **Inv** voor de inverse functie en **Hyp** voor de hyperbolische functie

- **dms** converteer van decimaal naar graden, minuten en seconden; selecteer **Inv** voor de omgekeerde conversie

- **Exp** exponentieel

- x^y x tot de macht y

- x^3 tot de derde macht verheffen

- x^2 kwadraat

- **ln** natuurlijke logaritme

- **log** logaritme (grondtal 10)

- **n!** faculteit

- π het getal pi

De toets F-E gebruikt u om tussen normale en exponentiële weergave te wisselen.

Graden en radialen

Druk op een van de radioknoppen **Graden**, **Radialen** of **Gradiënten** om met een van deze eenheden te werken. Gradiënten leveren een rechte hoek op bij 100 graden (in plaats van 90 graden). Deze knoppen zijn overigens alleen beschikbaar als de modus Dec actief is.

Klik op **Weergave**, **Programmeren** voor het werken met logische (binaire) functies. Beschikbaar zijn onder andere:

- **And** logische EN

- **Or** logische OF

- **Xor** logische exclusieve OF

▓ **Lsh**   verschuiving naar links; gebruik **Inv** voor een verschuiving naar rechts

▓ **Not**   logische NIET

▓ **Mod**   berekent de rest van een deling (12 gedeeld door 5 = 10 rest 2, dus 12 Mod 5 = 2)

Woordlengte

Werkt u in de programmeermodus, dan kunt u de gewenste woord-lengte instellen met de knoppen **Byte** (8 bits), **Word** (16 bits), **Dword** (32 bits) of **Qword** (64 bits).

▓ **Afbeelding 5.3**
Hexadecimale getallen verwerken.

Tot slot van deze paragraaf laten we u kort zien hoe u met de reken-machine statistische berekeningen kunt uitvoeren. Klik daartoe eerst op **Weergave**, **Statistieken**:

1 Klik op **CAD** om de laatste berekening te wissen.

2 Typ een getal en klik op de knop **Add**. Hiermee voegt u een getal aan de reeks toe waarop u later een statistische berekening kunt uitvoeren. Herhaal deze stap voor alle getallen uit de reeks.

Klik in het statistiekvenster desgewenst op **C** om de laatste invoer te wissen of op **CAD** om alle ingevoerde getallen te wissen.

3 Klik bijvoorbeeld op een van de volgende knoppen:

■ $\bar{x}$ Hiermee berekent u het gemiddelde van de reeks ingevoerde getallen.

■ $\Sigma\,x$ Hiermee berekent u het totaal van de reeks ingevoerde getallen.

■ σ_n Hiermee berekent u de standaarddeviatie van de reeks ingevoerde getallen.

■ **Afbeelding 5.4**
Gegevens in het statistiekvenster.

 Nog meer functies

Klik op **Weergave**, **Datumberekening** of **Weergave**, **Werkbladen** om toegang tot enkele specialistische functies van de rekenmachine te verkrijgen.

Paint

Het programma Paint is een eenvoudig tekenprogramma waarmee u snel kleine tekeningen samenstelt. Het programma zelf is niet enorm bruikbaar, maar we laten het hier toch kort zien. Een aantal handelingen in dit programma is namelijk algemeen voor veel andere handelingen in Windows en het kan geen kwaad daar even bij stil te staan.

Het venster van Paint toont de 'traditionele' onderdelen van veel
Windows-programma's: een gereedschapskist (bovenin, op de tab Start),
twee tabbladen (Start en Beeld) en een menuknop (**Bestand**) links van de
tab Start. Plaats de aanwijzer op een gereedschap en wacht tot een
beschrijving verschijnt. De zinvollere gereedschappen zijn:

■ Gum/Kleurengum

■ Opvullen

■ Potlood

■ Kwast

■ Verfspuit

■ Tekst

■ Lijn

■ Vormen (o.a. gebogen lijn, rechthoek, ovaal)

■ **Afbeelding 5.6**
De naam van een gereedschap verschijnt als u even wacht.

Wilt u bijvoorbeeld een rechthoek tekenen, dan gaat u als volgt te werk:

1 Klik op het gereedschap **Rechthoek**. Dit kan verborgen zitten onder de
knop **Vormen**, maar als u het venster van Paint groot genoeg hebt
gemaakt dan ziet u het gereedschap direct (in de sectie **Vormen**).

2 Klik op de staal **Kleur 1** en kies een kleur voor de omtrek door met de
linkermuisknop op een kleur in het kleurenpalet te klikken.

3 Klik op de staal **Kleur 2** en kies een kleur voor de vulling door met de
linkermuisknop op een kleur in het kleurenpalet te klikken.

4 Kies een dikte voor de omtrek door in de gereedschapskist op een lijn-
tje te klikken.

5 Selecteer bij **Contour** (knop **Vormconctour**) de gewenste contour en
bij **Opvulling** (knop **Opvulling van Vorm**) de gewenste opvulling.
Deze knoppen bevinden zich in de sectie **Vormen**.

■ **Afbeelding 5.7**
Kies hier hoe de rechthoek eruit moet zien.

Plaats de aanwijzer op het tekenvel, druk de muisknop in en houd deze ingedrukt. Sleep vervolgens naar een andere locatie. Zodra de muisknop wordt losgelaten is uw rechthoek een feit. U kunt dan eventueel nog de instellingen (zoals de kleur en de contour) in de gereedschapskist wijzigen, maar begint u eenmaal een tweede vorm te tekenen, dan ligt de eerste vorm onherroepelijk vast.

 Afbeelding 5.8
Enkele rechthoeken.

Wilt u uit de vrije hand tekenen, gebruik dan het gereedschap Pen of een van de kwasten; hiervoor kunt u ook een dikte instellen. Sleep met ingedrukte muisknop over het tekenvel om de 'verf' aan te brengen.

Fout is fout

In tegenstelling tot 'echte' tekenprogramma's kunt u onderdelen die u met Paint hebt getekend niet eenvoudig oppakken en verplaatsen. Wel kunt u uw laatste handeling ongedaan maken door **Ongedaan maken** te kiezen; deze opdracht bevindt zich in de werkbalk Snelle toegang, links in de titelbalk van Paint (het linksom wijzende pijltje). Hebt u iets ongedaan gemaakt wat u toch weer wilt herstellen, kies dan meteen **Opnieuw** in de werkbalk Snelle toegang (het rechtsom wijzende pijltje).

U kunt met Paint ook tekst aan uw afbeelding toevoegen. Ga als volgt te werk:

1 Klik op het gereedschap **Tekst**.

2 Selecteer in de gereedschapskist of u de tekst een achtergrondkleur wilt geven of niet (ondoorzichtig/transparant).

3 Sleep een rechthoek waarin de tekst moet verschijnen.

4 Selecteer een lettertype en een grootte. Uiteraard kunt u ook nog een kleur instellen.

5 Typ uw tekst.

Zolang het gestippelde kader nog zichtbaar is, kunt u dit aan de puntjes oppakken en rekken (net als een venster). Zodra u erbuiten klikt is het uit met de pret: de tekst ligt dan vast.

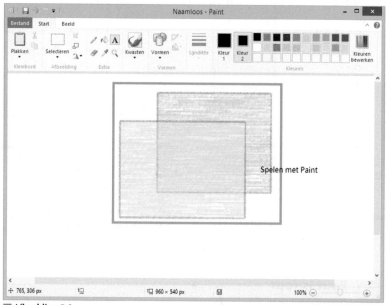

■ **Afbeelding 5.9**
Er is tekst toegevoegd.

Bent u klaar met tekenen, dan kunt u uw creatie desgewenst opslaan. Bestanden worden door Paint standaard in de bibliotheek Afbeeldingen opgeslagen.

Bestandsindelingen

Paint kan met verscheidene bestandsindelingen overweg, zoals JPEG, BMP en TIF. U kunt de gewenste indeling selecteren in het venster Opslaan als.

Later in dit hoofdstuk leert u het selectiegereedschap in de gereedschapskist kennen.

WordPad

WordPad is de eenvoudige tekstverwerker die we eerder in dit boekje al tegenkwamen. WordPad is met name bruikbaar als u niet over Microsoft Word of Works beschikt; in dat geval kunt u WordPad voor het schrijven van eenvoudige documenten gebruiken, zoals recepten, briefjes en verhaaltjes. Voor serieuzer werk kunt u beter een echte tekstverwerker gebruiken, bijvoorbeeld om over automatische spellingcontrole te kunnen beschikken.

WordPad is ook handig om documenten te openen (met de extensies .docx of .rtf) die u via internet of e-mail krijgt. Beschikt u niet over Word, dan kunt u deze documenten toch lezen.

Omdat het invoeren van tekst in alle Windows-programma's nagenoeg hetzelfde gaat, staan we in deze paragraaf kort stil bij enkele basiszaken:

- U voert tekst in via het toetsenbord. Aan het eind van de regel hoeft u niet op Enter te drukken, omdat WordPad automatisch de volgende regel voor u opzoekt. Druk aan het eind van een alinea eenmaal of tweemaal op Enter.

- Gebruik de pijltoetsen om door de tekst te navigeren; u mag ook op een andere plek in de tekst klikken. Ctrl+pijltoets springt per woord of per alinea.

Niet voorbij het eind

De letter aan het eind van uw tekst is over het algemeen ook het eind van uw document. Wilt u lager op de pagina verder typen, dan zult u een aantal keer op Enter moeten drukken.

- Druk op Backspace om een fout getypt teken te wissen (het teken links van het knipperende streepje, dat ook wel het invoegpunt of de cursor wordt genoemd).

- Druk op Del om het teken rechts van het invoegpunt te verwijderen.

■ Sleep met ingedrukte muisknop over letters, woorden of zinnen om tekst te *selecteren*. Geselecteerde tekst wordt voorzien van een balkje en kunt u als volgt bewerken:

■ Druk op Delete om de geselecteerde tekst te verwijderen. U kunt geselecteerde tekst vervangen door nieuwe tekst te typen.

■ Klik in de werkbalk op **B**, **I** of **U** om geselecteerde tekst vet te maken, cursief te maken of te onderstrepen. Of klik op het knopje **Tekstkleur** om een kleur in te stellen.

■ Plaats de aanwijzer op de geselecteerde tekst en sleep deze naar een andere locatie om de tekst te verplaatsen. Houd eventueel de Ctrl-toets ingedrukt om de tekst te kopiëren.

Andere manieren om tekst te selecteren zijn:

■ Dubbelklik op een woord om een woord te selecteren.

■ Klik drie keer op een alinea om een alinea te selecteren.

■ Klik aan het begin van een te selecteren tekst en Shift+klik aan het eind; het tussenliggende gedeelte wordt nu geselecteerd.

■ Druk op Ctrl+A om alle tekst te selecteren; of kies **Alles selecteren** in de sectie **Bewerken** (rechts op de tab **Start**).

■ **Afbeelding 5.10**
Tekst is geselecteerd.

■ Klik aan het begin van een te selecteren tekst en druk op Shift plus een van de pijltoetsen (links, rechts, omhoog of omlaag) om een tekstselectie te maken. In combinatie met ingedrukte Ctrl-toets selecteert u per woord (links, rechts) of per alinea (omhoog, omlaag).

■ Speciale tekens (é, ö enzovoort) kunt u op verschillende manieren invoeren. De handigste is door gebruik te maken van de toetsenbord-instelling **Verenigde Staten (internationaal)**. Hiermee hebt u op een Amerikaans toetsenbord (het meest gebruikt in Nederland) toch de beschikking over accenttekens zoals é, ë en ö. U typt deze tekens zoals op een ouderwetse typemachine: u typt eerst het gewenste accent en vervolgens het gewenste teken: 'e wordt é, 'c wordt ç, ~n wordt ñ, `a wordt à enzovoort.

Toetsenbordindeling

Druk op Win+X en klik op **Configuratiescherm**, **Invoermethoden wijzigen** om de toetsenbordindeling aan te passen. Dat is nodig wan-neer er verkeerde tekens op het scherm verschijnen (bijvoorbeeld omdat u een Azerty-toetsenbord gebruikt). Via **Opties**, **Voeg een invoermethode toe** kunt u een taal toevoegen. Rechtsonder in de taakblak (naast het klokje) verschijnt nu een tekst; klik hierop om snel tussen invoertalen te kunnen wisselen.

■ **Afbeelding 5.11**

Selecteer een andere toetsenbordindeling.

Afbeelding 5.12
Rechtsonder in de taakbalk kunt u snel tussen invoertalen wisselen.

Een alternatieve methode voor de invoer van accenttekens die altijd werkt is via de cijfertoetsen rechts. Zorg dat het lampje Num Lock brandt en druk op de Alt-toets links. Terwijl u deze toets ingedrukt houdt, typt u op het numerieke toetsenblok een cijfercode (bijvoorbeeld 130). Vervolgens laat u de Alt-toets los, waarna het overeenkomstige teken – in dit geval é – verschijnt. De tabel hierna geeft enkele veel voorkomende codes weer.

Teken	Alt-code
à	Alt+133
é	Alt+130
ê	Alt+136
ë	Alt+137
è	Alt+138
ï	Alt+139
ö	Alt+148
ó	Alt+162
ü	Alt+129
€	Alt+0128; dit teken heeft op veel toetsenborden een vaste plaats; vaak is dit AltGr+5 of AltGr+E. AltGr is de naam van de rechter-Alt-toets (rechts van de spatiebalk).

Kladblok

Vindt u dat WordPad te veel toeters en bellen heeft, dan kent Windows nog een eenvoudiger programma: Kladblok. Kladblok biedt alleen de mogelijkheid om tekst in te voeren, maar niet om deze tekst op te maken met lettertypen en kleur. Kladblok is derhalve handig voor het maken van eenvoudige notities.

```
SystemDiagsCeeHistory.log - Kladblok
Bestand  Bewerken  Opmaak  Beeld  Help
<payload>
  <session-tracking-info appName="HPSystemDiagnostics">
    <attribute name="Start" value="08/25/2012 17:32:56"/>
    <attribute name="Stop" value="08/25/2012 17:33:16"/>
    <attribute name="offerlocale" value="0"/>
    <attribute name="ID" value="1"/>
  </session-tracking-info>
  <element name="Product" type="Description" sequence-id="1">
    <attribute name="ProductNumber" value="WAABH"/>
    <attribute name="ProductName" value="HP Pavilion dv7 Notebook PC"/>
    <attribute name="ModelNumber" value="3639"/>
    <attribute name="BIOSDate" value="10/15/2009"/>
    <attribute name="BIOSVersion" value="F.10"/>
    <attribute name="KBCVersion" value="33.22"/>
    <attribute name="MemoryMode" value="Asymmetric"/>
    <attribute name="SATAMode" value="AHCI"/>
  </element>
  <element name="SystemDiagnostics" type="Description" sequence-id="2">
    <attribute name="Version" value="2.5.0.0"/>
    <attribute name="Directory" value="\Hewlett-Packard\SystemDiags\"/>
    <attribute name="MemoryAvailableForTest" value="4007MB"/>
    <attribute name="OptimizedDST" value="ENABLE"/>
    <attribute name="MemoryTestEstTime" value="789"/>
    <attribute name="ShortDSTEstTime" value="180"/>
    <attribute name="LongDSTEstTime" value="5760"/>
    <attribute name="OptimizedEstTime" value="600"/>
  </element>
  <element name="HardDisk1" type="Description" sequence-id="3">
    <attribute name="SerialNumber" value="WD2671"/>
```

Afbeelding 5.13
Met Kladblok kunt u bijvoorbeeld 'kale' tekstbestanden lezen.

Ondanks de ogenschijnlijk beperkte toepassing van Kladblok is het toch een zinnig programma; wilt u snel een aantekeningetje maken, dan kan dit prima in Kladblok. Documenten die met Kladblok worden gemaakt zijn van het type tekstdocument en hebben de extensie .txt. Als u op een tekstdocument dubbelklikt, zal dit automatisch in Kladblok worden getoond.

De bediening van Kladblok lijkt sterk op die van WordPad; bijna alle eigenschappen die in de voorgaande paragraaf zijn genoemd, zijn ook van toepassing op Kladblok.

Geluidsrecorder

Het programma Geluidsrecorder is een eenvoudig memorecordertje dat u kunt gebruiken om gesproken teksten op te nemen. De mogelijkheden zijn beperkt, vandaar dat we de behandeling kort houden.

Afbeelding 5.14
Geluidsrecorder.

Microfoon en speakers

Om Geluidsrecorder te kunnen gebruiken dient u speakers en een microfoon op uw computer aangesloten te hebben.

U gebruikt Geluidsrecorder als volgt:

1 Open het startscherm en typ de letters ge1; de knop Geluidsrecorder verschijnt.

2 Klik op **Geluidsrecorder**.

3 Klik op de knop **Opname starten**.

4 Spreek uw boodschap in de microfoon in.

5 Klik nogmaals op de knop.

Het venster Opslaan als verschijnt.

6 Voer desgewenst een bestandsnaam in, blader naar de gewenste map en klik op **Opslaan** om de opname op te slaan; klik op **Annuleren** om de opname niet op te slaan.

Wanneer u op **Opslaan** klikt wordt de opname op schijf opgeslagen en uit Geluidsrecorder gewist; met andere woorden: u kunt direct een nieuwe opname beginnen. Wanneer u op **Annuleren** klikt wordt Geluidsrecorder gepauzeerd en kunt u desgewenst de opname hervatten door op **Opname hervatten** te klikken.

Geluid = wma

Bestanden die Geluidsrecorder opslaat zijn zogeheten wma-bestanden (Windows Media Audio). Deze zijn enigszins te vergelijken met – de wellicht bekende – mp3-bestanden. Wma-bestanden kunnen door Windows Media Player worden afgespeeld (zie hoofdstuk 10), maar ook door veel randapparaten zoals mp3-spelers, pda's en mobiele telefoons.

U kunt Geluidsrecorder sluiten door op de sluitknop te klikken.

Geluidskaart

Ongetwijfeld hebt u bij de geluidskaart in uw computer speciale software gekregen, waaronder een uitgebreider programma om geluid op te nemen. Het verdient altijd de aanbeveling om die software te gebruiken in plaats van Geluidsrecorder.

Windows Verkenner

Wanneer u ervaring met Windows XP of eerder hebt, zult u zich wellicht afvragen waar Windows Verkenner is gebleven. Aan de andere kant: de informatie die u in het vorige hoofdstuk hebt gelezen kwam u wellicht bekend voor. We kunnen dan ook kort zijn: Windows Verkenner is niet meer. Of liever gezegd: Windows Verkenner is er nog wel, maar is nu standaard in de mappen ingebouwd. Voer de volgende stappen maar eens uit:

1 Open het startscherm en typ de letters verk; de knop Verkenner verschijnt.

2 Klik op **Verkenner**.

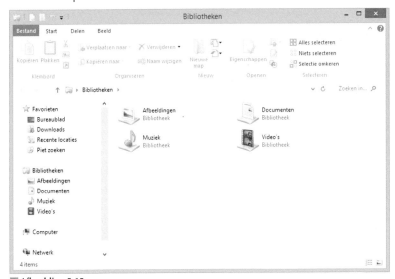

▓ **Afbeelding 5.15**
'Windows Verkenner'.

U ziet: niets nieuws onder de zon. Aan de linkerkant verschijnt de structuur die normaal ook verschijnt wanneer u een map of bibliotheek opent. Hebt u ervaring met Windows Verkenner, dan ziet u dat de functionaliteit nog steeds beschikbaar is. Hebt u nog nooit met Windows Verkenner gewerkt, dan mag u de inhoud uit deze paragraaf direct vergeten; de functionaliteit is namelijk in het vorige hoofdstuk uitgebreid aan de orde gekomen.

Uitvoeren

De laatste 'bureau-accessoire' die in deze paragraaf wordt besproken is niet echt een bureau-accessoire, maar een optie die in voorgaande versies van Windows op een prominente plek in het menu Start beschikbaar was: de opdracht **Uitvoeren**. Deze opdracht biedt u de mogelijkheid om direct een programma te starten via een opdracht. Soms zal het gebeuren dat u een programma aanschaft en de installatie ervan via de opdracht x:\setup moet worden gestart, waarbij x door de letter van uw cd- of dvd-station moet worden vervangen (doorgaans is dat d of e). Zo'n opdracht typt u in het venster Uitvoeren, dat u opent door op Win+R te drukken.

Afbeelding 5.16
Het venster Uitvoeren.

Wilt u er eens mee experimenteren, voer dan de bovenstaande stappen uit, typ cmd in het venster Uitvoeren en druk op Enter. Er verschijnt nu een venster waarin systeemopdrachten (DOS-opdrachten) kunnen worden uitgevoerd. Hebt u daar nooit mee gewerkt, dan klikt u op de sluitknop, en anders geldt het devies: leef u uit!

Gegevens uitwisselen

In de voorgaande paragraaf hebt u geleerd hoe u een berekening maakt met de rekenmachine, een eenvoudig tekeningetje maakt in Paint en een briefje typt in WordPad. In deze paragraaf leest u hoe u deze programma's kunt laten samenwerken, oftewel hoe u gegevens tussen de programma's uitwisselt. Stel bijvoorbeeld dat u met de rekenmachine een uitkomst met veel cijfers achter de komma hebt gekregen en u wilt deze uitkomst in een briefje gebruiken. Dan is het niet alleen lastig, maar ook foutgevoelig om de uitkomst over te typen...

▓ **Afbeelding 5.17**
Typt u de uitkomst even over?

Het klembord

Windows beschikt over een voorziening die bekend staat als het klembord. Het klembord is een tijdelijke parkeerplaats voor gegevens. U kunt op het klembord de uitkomst van een berekening, een stukje tekst, een afbeelding, een internetsnelkoppeling en nog veel meer plaatsen. Dit doet u door de gewenste gegevens naar het klembord te kopiëren. Op het moment dat u de gegevens nodig hebt, haalt u ze met een speciale opdracht weer van het klembord af; dit wordt plakken genoemd. U kopieert de gegevens dus naar het klembord, waarna u de gegevens – op het door u gewenste moment – weer van het klembord afhaalt door ze te plakken.

 Niet alleen de bureau-accessoires

Het klembord werkt in bijna alle Windows-toepassingen, dus niet alleen in de rekenmachine of Paint.

Probeer het volgende maar eens:

1 Start WordPad en start de rekenmachine.

2 Voer een berekening uit in de rekenmachine.

3 Klik in de rekenmachine op **Bewerken**, **Kopiëren**.

De uitkomst wordt nu naar het klembord gekopieerd.

4 Schakel over naar WordPad, bijvoorbeeld door op Alt+Tab te drukken (zie hoofdstuk 2).

5 Klik in WordPad op de knop **Plakken**, geheel links.

De uitkomst verschijnt in WordPad op de plaats van het invoegpunt.

Afbeelding 5.18
Het resultaat is overgebracht naar WordPad.

Wanneer u de inhoud van het klembord plakt, wordt een *kopie* geplakt. Met andere woorden: de uitkomst staat na het plakken nog steeds op het klembord. U kunt dus net zo vaak plakken als u wilt. Pas als u een nieuwe uitkomst naar het klembord kopieert, wordt de aldaar aanwezige informatie overschreven.

 Bewerken

Bij programma's die een traditionele menubalk kennen, is de opdracht **Plakken** te vinden in het menu **Bewerken**, evenals de andere klembordopdrachten. De sneltoets voor **Plakken** is Ctrl+V.

Kopiëren versus knippen

In het voorgaande voorbeeld wordt de uitkomst van de rekenmachine éérst naar het klembord gekopieerd. Het is in veel programma's echter ook mogelijk om items naar het klembord te *knippen*. In dat geval wordt het item van de oorspronkelijke locatie naar het klembord verplaatst. Met andere woorden: het verdwijnt van de oorspronkelijke plek en wordt verplaatst naar het klembord. Wanneer u nu elders de informatie plakt, is deze als het ware verplaatst.

Knippen en plakken

Het overbrengen van gegevens van het ene programma naar het andere wordt vaak knippen en plakken genoemd.

Probeer het volgende:

1 Druk achter de uitkomst van de berekening (in WordPad; zie de voor-gaande procedure) op Enter.

2 Typ wat tekst en selecteer een gedeelte ervan.

■ **Afbeelding 5.19**
Wat tekst met een gedeelte geselecteerd.

3 Klik op **Knippen**, te vinden naast de knop **Plakken**.

De geselecteerde tekst verdwijnt.

4 Klik op een plek elders in de tekst en klik op **Plakken**.

De geknipte tekst verschijnt op de positie waar u hebt geklikt.

Van Paint naar WordPad

Als laatste voorbeeld brengen we een afbeelding die is getekend in Paint over naar WordPad. Voer de volgende handelingen uit:

1 Start Paint.

2 Teken met het gereedschap **Rechthoek** enkele rechthoekjes naar keuze.

Uw creatie ziet er bijvoorbeeld uit als in de afbeelding.

■ **Afbeelding 5.20**
Gemaakt met Paint.

3 Selecteer het gereedschap Selecteren (het gestippelde rechthoekje boven in de gereedschapskist).

4 Sleep een rechthoekig kader om uw tekening; er verschijnt een stippellijn. U hebt nu een gedeelte van uw tekening geselecteerd.

■ **Afbeelding 5.21**
Het geselecteerde gebied is duidelijk zichtbaar.

5 Klik op **Kopiëren** om uw selectie naar het klembord te kopiëren (de knop **Kopiëren** bevindt zich naast de knop **Plakken**, en als die niet zichtbaar is onder de knop **Klembord**). U mag ook op Ctrl+C drukken.

6 Schakel over naar WordPad en klik op **Plakken** of druk op Ctrl+V.

De afbeelding wordt nu in uw WordPad-document geplakt.

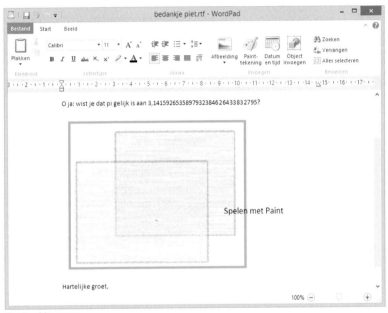

■ **Afbeelding 5.22**
De afbeelding in WordPad.

 ## De afbeelding bewerken

Wilt u na het plakken nog wijzigingen in de tekening aanbrengen, dubbelklik er dan op. Vanuit WordPad wordt dan een versie van Paint gestart en u kunt de tekening bewerken alsof u deze met WordPad had geopend. Bent u klaar, klik dan buiten de tekening om weer naar WordPad terug te schakelen. Deze techniek werkt overigens niet tussen alle programma's; bovendien moet u het WordPad-document met de Paint-afbeelding eerst opgeslagen hebben.

Tips voor het klembord

Tot slot van de paragraaf over het klembord geven we u nog enkele tips voor het gebruik:

- In alle Windows-programma's kunt u gebruikmaken van de toetsencombinaties Ctrl+C voor kopiëren, Ctrl+X voor knippen en Ctrl+V voor plakken.

- U kunt bestanden ook via het klembord kopiëren en verplaatsen. Selecteer in een map een of meer bestanden en druk op Ctrl+C (kopiëren) of Ctrl+X (knippen). Open nu een andere map en druk op Ctrl+V. De geselecteerde bestanden worden nu naar de geselecteerde map gekopieerd of verplaatst, afhankelijk van de toetsencombinatie die u gebruikte (Ctrl+C of Ctrl+X).

- Het eenvoudige hulpje Knipprogramma kunt u onder andere gebruiken om een deel van het scherm naar het klembord te kopiëren. Nadat u het programma hebt gestart kunt u een kadertje over het scherm trekken, dat vervolgens automatisch op het klembord wordt geplaatst. Klik op het pijltje naast de knop **Nieuw** om een vrije vorm te kunnen maken of om een venster of het hele scherm te kopiëren. Overigens biedt Knipprogramma u ook de mogelijkheid om het gemaakte knipsel op te slaan.

- U kunt snel een afbeelding van een venster of het hele Windowsscherm naar het klembord kopiëren. Voor een venster gebruikt u de toetsencombinatie Alt+Print Screen, voor het hele gebruikt u Print Screen. Win+Print Screen slaat de afbeelding ook op.

- Klik met de rechtermuisknop op een geselecteerde tekst. In bijna alle gevallen verschijnt er een snelmenu met daarin de opdrachten **Kopiëren**, **Knippen** en **Plakken**.

Een woordje over apps

Tot slot van dit hoofdstuk bespreken we kort enkele apps die van pas kunnen komen. De specifieke internetapps (Internet Explorer, Mail, Personen, Berichten, Agenda enzovoort) komen in hoofdstuk 8 aan de orde; de multimedia-apps (Foto's, Camera, Muziek) in hoofdstuk 10.

Kaarten

De app Kaarten gebruikt u om de plattegrond van een stad of de wegen van een land te bekijken. Daarnaast kunt u Kaarten gebruiken om een routebeschrijving naar een bepaalde locatie op te vragen.

De app maakt – vanzelfsprekend – gebruik van de specifieke appfunctio-
naliteit, dus gebruik de charm Zoeken (Win+C, **Zoeken**) om een plaats
te zoeken

■ **Afbeelding 5.23**
De app Kaarten waarin Zandvoort wordt opgezocht.

Wilt u in- of uitzoemen, gebruik dan het muiswiel, twee vingers of
Ctrl+mintoets/Ctrl+plustoets. U kunt de kaart verplaatsen door met
ingedrukte muisknop te slepen, of natuurlijk door te vegen.

De appbalk bevat een overzichtelijk aantal opdrachten. Dit zijn:

■ **Verkeer weergeven**   Deze opdracht toont de verkeersdrukte op de
wegen, voor zover deze informatie beschikbaar is.

■ **Stijl van de kaart**   Met deze opdracht kunt u kiezen tussen de traditionele landkaartweergave en een satellietweergave.

■ **Mijn locatie**   Deze opdracht zoekt uw eigen locatie op de kaart op.
Daarvoor moet u wel toestemming hebben gegeven.

■ **Route**   Deze opdracht laat u een start- en eindpunt invoeren waar-
tussen Kaarten de route berekent en weergeeft.

■ **Kaart leegmaken**   Deze opdracht wist opgezochte gegevens van de
kaart.

| ◆ Route 85 km, 1 uur 10 minuten | A Zandvoort, Nederland Verlaat Hogeweg richting Paradijsweg | 1 0,3 km ↑ Blijf rechtdoor rijden op Grote Krocht | 2 0,1 km ↱ Houd rechts aan naar Doctor C.A. Gerkestraat | 3 0,9 km ↱ Sla rechtsaf naar Zandvoortselaan |

■ **Afbeelding 5.24**
De route van Zandvoort naar Culemborg in beeld.

Overige apps

De overige apps die standaard worden meegeleverd zijn:

■ **Financieel**   Gebruik deze app om aandelenkoersen, valuta en de prijzen van grondstoffen te volgen.

■ **Weer**   Gebruik deze app om het weer overal ter wereld op te vragen en om een weersverwachting te krijgen.

■ **Games**   Gebruik deze app om spellen te downloaden en scores bij te houden.

■ **Nieuws**   Gebruik deze app om het laatste nieuws uit verschillende bronnen te zien. Klik op een nieuwsitem om het in zijn geheel te lezen.

■ **Sport**   Gebruik deze app om het laatste sportnieuws uit verschillende bronnen te zien en uw favoriete team(s) te volgen. Klik op een nieuwsitem om het in zijn geheel te lezen.

Hoofdstuk 6

Het uiterlijk aanpassen

*Nu u de basishandelingen onder de knie hebt en kennis hebt
gemaakt met de belangrijkste voorzieningen in Windows, wordt het
tijd om de computer persoonlijker te maken. Zo kunt u lettertypen,
kleuren en andere uiterlijke kenmerken van Windows 8 aanpassen.
Dit hoofdstuk laat u zien wat de mogelijkheden zijn.*

■ Startscherm en vergrendelingsscherm

Wanneer u uw computer aanzet is het eerste wat u ziet het zogeheten
vergrendelingsscherm. Hebt u zich eenmaal aangemeld, dan verschijnt
het startscherm. Het uiterlijk van beide schermen is aan te passen.

Vergrendelingsscherm aanpassen

De afbeelding op het vergrendelingsscherm past u als volgt aan:

1 Druk op Win+I om de charm Instellingen te openen

2 Klik geheel onder in de charmbalk op **Pc-instellingen wijzigen**.

Het scherm Pc-instellingen verschijnt.

3 Klik in de lijst links op **Persoonlijke instellingen**.

Het scherm Persoonlijke instellingen kent drie hoofdkeuzen, die u
bovenin ziet: **Vergrendelingsscherm**, **Startscherm** en **Accountafbeelding**. Klik op **Vergrendelingsscherm** om een andere afbeelding voor dit
scherm te selecteren. De knop **Bladeren** geeft u toegang tot de bibliotheek Afbeeldingen, zij het dat u nu geen 'traditioneel' Windows-venster
met bestanden ziet, maar een overzicht in Windows 8-stijl.

■ **Afbeelding 6.1**
Pc-instellingen wijzigen.

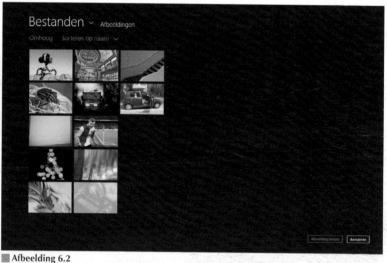

■ **Afbeelding 6.2**
De bibliotheek Afbeeldingen. De weergave is anders, maar de functionaliteit komt overeen met wat er in hoofdstuk 4 is besproken.

Als er al afbeeldingen in de bibliotheek staan, dan verschijnen ze hier. Via de knop **Omhoog** navigeert u één niveau omhoog in de mappen-structuur (dus: naar de map Bibliotheken, want u bevindt zich nu in de bibliotheek Afbeeldingen). U kunt dan een andere bibliotheek selecteren (bijvoorbeeld Documenten), en als u de stappen in hoofdstuk 4 hebt gevolgd, dan zult u zien dat uw eigen mappen hier ook verschijnen. Met andere woorden: de mappenstructuur in de Windows 8-stijl is dezelfde structuur als in de bureaubladomgeving. Het ziet er alleen wat anders uit en de navigatie is wat omslachtiger.

Bladeren naar een ander station

Boven de map Bibliotheken bevindt zich het hoogste niveau (Bureaublad), van waaruit u – via de knop **Computer** – desgewenst een ander schijfstation kunt selecteren.

Hebt u een geschikte afbeelding gevonden, klik er dan op om deze te kiezen.

Wellicht is het u opgevallen dat op het vergrendelingsscherm ook aanvullende informatie wordt getoond. Onder het kopje Apps voor vergrendelingsscherm kunt u bepalen welke apps informatie op het vergrendelingsscherm mogen tonen. Wilt u de informatie verwijderen, klik dan op het overeenkomstige pictogram en kies **Hier geen status weergeven**.

U kunt één app uitgebreidere informatie laten tonen (bijvoorbeeld Agenda); klik daarvoor op het pictogram helemaal onderin.

Startscherm aanpassen

Nu u een tijdje met het nieuwe startscherm van Windows 8 hebt gewerkt, wilt u het misschien wat aantrekkelijker maken. Windows 8

Vergrendelingsscherm   Startscherm   Accountafbeelding

▨ Afbeelding 6.3

Een ander thema voor het startscherm.

biedt daartoe verschillende achtergronden en kleurstellingen. Volg de procedure uit de vorige paragraaf om Persoonlijke instellingen te openen, en klik op **Startscherm**. Zoals u ziet kunt u verschillende afbeeldingen en kleurenthema's kiezen. Het is niet mogelijk om hier een eigen afbeelding te selecteren.

Accountafbeelding aanpassen

Tot slot kunt u in het scherm Persoonlijke instellingen een andere afbeelding voor bij uw account kiezen. Hebt u geen leuke afbeelding bij de hand, klik dan op **Camera** om via de camera-app een foto van uzelf te nemen. Uiteraard moet er dan wel een camera of webcam op uw computer zijn aangesloten.

■ Persoonlijke instellingen

Veel opties om de computer aan te passen vindt u in het Configuratiescherm. Het Configuratiescherm is het algemene regelpaneel van de computer, en als u dat wilt gebruiken is een snelle methode om het te openen de toetsencombinatie Alt+X. U opent hiermee het systeemmenu, van waaruit u het Configuratiescherm snel opent door op C te drukken (deze letter is in het menu onderstreept, om aan te geven dat u de opdracht met die toets op het toetsenbord activeert). Uiteraard kunt u op de inmiddels bekende manieren een tegel aan het startscherm toevoegen, of een snelkoppeling op het bureaublad of in de taakbalk plaatsen.

■ **Afbeelding 6.4**
Het Configuratiescherm.

Het personaliseren van de bureaubladomgeving gaat via de categorie Vormgeving en persoonlijke instellingen, Persoonlijke instellingen.

 Snel via de rechtermuisknop
Er is echter een snellere methode om het benodigde venster te openen: klik met de rechtermuisknop op een leeg deel van het bureaublad en kies **Aan persoonlijke voorkeur aanpassen**.

▓ Afbeelding 6.5
Het venster Persoonlijke instellingen.

U kunt de volgende instellingen wijzigen:

▓ Kleur en vormgeving van vensters

▓ Bureaubladachtergrond

▓ Schermbeveiliging

▓ Geluiden

▓ Muisaanwijzers

▓ Thema

▓ Beeldscherminstellingen

Tevens worden links twee taken genoemd: Bureaubladpictogrammen wijzigen en Muisaanwijzers wijzigen. In dit hoofdstuk nemen we de diverse mogelijkheden onder de loep.

Taakbalk

Aan het eind van dit hoofdstuk ruimen we ook een paragraaf in over het aanpassen van de taakbalk. Tevens treft u aan het eind van dit hoofdstuk informatie over de toegankelijkheidsopties van Windows 8 aan.

◼ Thema's

De instellingen van uw persoonlijke voorkeur slaat Windows op in een zogeheten *thema*. Dit thema bevat informatie over de achtergrond, de kleur van de vensters, de gebruikte geluiden en de eventueel gebruikte schermbeveiliging.

Thema kiezen

Wilt u snel een ander uiterlijk, kies dan een van de beschikbare thema's. Wilt u een thema wijzigen, dan kan dat uiteraard ook. Bovendien kunt u de gemaakte wijzigingen in een nieuw thema opslaan.

Ga als volgt te werk:

1 Klik met de rechtermuisknop op een leeg deel van het bureaublad en kies **Aan persoonlijke voorkeur aanpassen**.

2 Selecteer een thema.

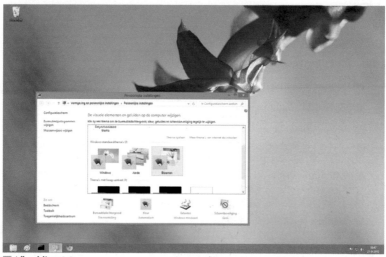

◼ **Afbeelding 6.6**
Het thema Bloemen is geselecteerd.

Thema aanpassen

Ongetwijfeld stelt u prijs op een andere afbeelding, andere kleuren of andere geluiden (zie hierna). Het is eenvoudig mogelijk om een bestaand thema aan te passen. Windows onthoudt uw instellingen als 'niet-opgeslagen thema', dat boven in de lijst verschijnt in de sectie Mijn thema's. Klik met de rechtermuisknop op het aangepaste thema en kies in het snelmenu dat verschijnt de optie **Thema opslaan**.

■ **Afbeelding 6.7**
Een aangepast thema kunt u opslaan.

Nadat u zelf meerdere thema's hebt gemaakt, kunt u ongewenste – en niet in gebruik zijnde – thema's verwijderen, eveneens door met de rechtermuisknop op het thema te klikken.

■ Bureaubladachtergrond instellen

Wat is er leuker dan een eigen foto als achtergrond? Bijna niets toch! Vandaar dat Windows 8 u de gelegenheid biedt een andere afbeelding als achtergrond te selecteren. Maar ook als u liever tegen een effen achtergrond aankijkt komt Windows 8 u tegemoet. Klik in het venster Persoonlijke instellingen linksonder op **Bureaubladachtergrond** om een andere achtergrond te kiezen.

Afbeelding 6.8

Een of meer bureaubladachtergronden kiezen.

U kunt achtergronden in diverse categorieën kiezen, die u selecteert in de lijst **Locatie van afbeelding**. U hebt hier de volgende keuzen:

- **Windows-bureaubladachtergronden** Deze categorie met achtergronden is standaard geselecteerd. Let erop dat meer afbeeldingen beschikbaar zijn dan u in eerste instantie ziet; gebruik de schuifbalk rechts naast de afbeeldingen om de overige te zien.

- **Afbeeldingenbibliotheek** Dit is uw eigen bibliotheek met afbeeldingen. Hebt u hier afbeeldingen geplaatst (bijvoorbeeld van een digitale camera) dan verschijnen deze in het overzicht.

- **Favoriete foto's** Dit zijn afbeeldingen die een hoge waardering (classificatie) hebben gekregen.

- **Vaste kleuren** Wilt u liever een effen achtergrond in plaats van een afbeelding, selecteer dan deze categorie. Onder de beschikbare kleuren ziet u ook de tekst **Meer** staan, waarop u kunt klikken om een eigen kleur samen te stellen.

Naast de lijst met categorieën bevindt zich de knop **Bladeren** waarop u kunt klikken als u naar een andere locatie op uw computer (of op het netwerk) wilt bladeren.

Diavoorstelling

Windows biedt u de mogelijkheid om een of meer afbeeldingen te
selecteren. Plaats de muisaanwijzer boven een afbeelding en plaats
een vinkje in het vakje dat verschijnt (of haal het weg). Zodra er twee
of meer afbeeldingen zijn geselecteerd, kunt u onder in het venster
aangeven hoe vaak de achtergrond gewijzigd moet worden. Zo maakt
u eenvoudig een diavoorstelling van uw favoriete foto's op het bureaublad!

Afbeelding 6.9
Selecteer de afbeeldingen die u in de diavoorstelling wilt weergeven.

Een achtergrond toewijzen

Om een achtergrond te gebruiken gaat u als volgt te werk:

1 Selecteer de gewenste categorie in de lijst **Locatie van afbeelding** of
klik op **Bladeren** om naar een locatie te bladeren.

2 Selecteer de gewenste afbeelding(en) of kleur in het overzicht.

Windows 8 laat het resultaat direct zien. Zorg er dus voor dat het
venster Bureaubladachtergrond niet het hele bureaublad bedekt.

3 Klik – indien u een afbeelding hebt geselecteerd – op een van de
tegelopties onder in het venster:

▓ **Vullen** De afbeelding wordt gerekt zodat het hele scherm wordt gevuld zonder dat er vervorming optreedt. Dit houdt in dat een deel van de afbeelding mogelijk niet wordt getoond.

▓ **Aanpassen** De afbeelding wordt zo groot mogelijk geplaatst zonder dat er vervorming optreedt. Dit houdt in dat er mogelijk balken verschijnen (horizontaal of verticaal).

▓ **Spreiden** De afbeelding wordt gerekt zodat het hele scherm wordt gevuld. Hierbij kan vervorming optreden (bijvoorbeeld bij staande foto's).

▓ **Naast elkaar** Hierbij wordt de afbeelding op de originele grootte getoond en net zo vaak herhaald als nodig is om het scherm volledig te bedekken.

▓ **Centreren** Hierbij wordt de afbeelding gecentreerd en op ware grootte op het scherm getoond. Voor onbedekte gebieden kunt u dan een kleur kiezen door op **Kies een achtergrondkleur** te klikken.

4 Klik op **Wijzigingen opslaan** om de keuze te bevestigen of op **Annuleren** om de oorspronkelijke instelling te behouden.

▓ Kleur en vormgeving van vensters

Windows 8 laat u de kleuren die voor het weergeven van vensters worden gebruikt, grotendeels naar uw hand zetten. Maar de nieuwe optie voor automatische kleurkeuze is wellicht een goed alternatief, vanwege de rust voor uw ogen. Klik om de kleuren aan te passen onder in het venster Persoonlijke instellingen op **Kleur**.

 Aero

In Windows 8 zoekt u tevergeefs naar het in Windows Vista geïntroduceerde Aero Glass. Dat is in Windows 8 standaard niet langer beschikbaar.

Ga als volgt te werk:

1 Klik met de rechtermuisknop op een leeg deel van het bureaublad en kies **Aan persoonlijke voorkeur aanpassen**.

2 Klik in het venster Persoonlijke instellingen op **Kleur**.

Klik op een van de aangeboden plaatjes en sleep de schuifregelaar **Kleurintensiteit** naar de gewenste positie; kijk naar de rand van het venster om de effecten te zien.

Kleur en vormgeving van vensters. Wanneer u op een voorgedefinieerde kleur klikt, kunt u op Kleurenmixer weergeven klikken om zelf een kleur te mengen.

Selecteer het plaatje met de kleurenwaaier om Windows de vensterkleuren automatisch te laten kiezen; dit gebeurt dan op basis van de achtergrondafbeelding. In dat geval verdwijnt de mogelijkheid om de kleuren via de mixer aan te passen.

Klik op **Wijzigingen opslaan** wanneer u tevreden bent of op **Annuleren** als u de instellingen niet wilt wijzigen.

Thema's met hoog contrast

De thema's met hoog contrast geven informatie op het scherm extra contrastrijk weer, zodat deze meer toegankelijk wordt voor slechtzienden. Nadat een thema met hoog contrast is geselecteerd, geeft de knop **Kleur** toegang tot een venster met aanvullende instellingen, waarin u de kleuren per schermonderdeel kunt aanpassen.

■ **Afbeelding 6.11**
Pas de kleuren van het thema desgewenst verder aan.

■ Geluiden toewijzen

Wanneer u over een werkende geluidskaart in uw computer beschikt, kunt u geluiden aan bepaalde handelingen in Windows koppelen. Zo kan er bijvoorbeeld een geluid worden weergegeven wanneer er nieuwe e-mail is, of wanneer u een bestand in de prullenbak gooit. Via de optie **Geluiden** in het venster Persoonlijke instellingen kunt u aangeven welke geluiden u wilt horen, maar u kunt de geluiden ook uitschakelen.

■ **Afbeelding 6.12**
Geluiden instellen.

Geluiden worden opgeslagen in zogeheten schema's. U selecteert het gewenste schema in de lijst **Geluidsschema**.

Wijzigingen maakt u in het kader **Programmagebeurtenissen**, onder in het venster Geluid. Selecteer een gebeurtenis van een van de volgende programma's (blader door de lijst om de rest te zien):

- Windows
- Verkenner
- Windows Spraakherkenning

Als aan een gebeurtenis een geluid is gekoppeld, is dit te herkennen aan het luidsprekertje dat voor de naam van de gebeurtenis staat. Wilt u weten welk geluid dat is dan selecteert u de gewenste gebeurtenis en klikt u onder in het venster op de knop **Testen**. Wilt u een geluid toewijzen of wijzigen, dan selecteert u de gewenste gebeurtenis en kiest u een geluid uit de lijst **Geluiden**, of u klikt op **Bladeren** om geluiden uit een andere map te selecteren.

Als u de verschillende gebeurtenissen van de door u gewenste geluiden hebt voorzien, kunt u deze instelling als eigen schema opslaan. Klik daartoe op **Opslaan als**, boven in het venster Geluid.

■ **Afbeelding 6.13**
Sla uw eigen instelling op als schema.

Wav-bestanden
De geluiden in Windows 8 zijn opgeslagen in wav-indeling.

■ Een schermbeveiliging gebruiken

Schermbeveiligingen dateren uit de begintijd van de computer, toen het nog gebeurde dat letters die lang op dezelfde positie op het scherm stonden aan de binnenkant van de beeldbuis inbrandden. Met de komst van flatpanels en grafische besturingssystemen is de noodzaak van een schermbeveiliging – om die redenen tenminste – volledig achterhaald. Toch kunt u in Windows 8 nog steeds een schermbeveiliging instellen. Klik in het venster Persoonlijke instellingen op **Schermbeveiliging** om de instellingen te wijzigen.

Afbeelding 6.14
Instellingen voor de schermbeveiliging aanpassen.

Een schermbeveiliging instellen

In het venster Instellingen voor schermbeveiliging kunt u in het kader **Schermbeveiliging** de volgende instellingen maken:

- **Keuzelijst** Selecteer hier de gewenste schermbeveiliging. In het kleine voorbeeldkader boven in het venster is te zien wat het effect is.

- **Instellingen** Klik op de knop **Instellingen** om extra instellingen voor de gekozen schermbeveiliging te maken. Alleen voor 3D-tekst en Foto's zijn aparte instellingen te maken.

- **Voorbeeld** Klik op de knop **Voorbeeld** om de schermbeveiliging aan het werk te zien. Beweeg de muis, veeg of druk op een toets om naar Windows 8 terug te keren.

- **Wachttijd** Typ in het vak achter **Wacht** een tijd in minuten die Windows 8 wacht voordat de schermbeveiliging wordt ingeschakeld.

- **Aanmeldingsscherm weergeven bij hervatten** Schakel deze optie in als u wilt dat het aanmeldvenster wordt getoond wanneer u op een toets drukt, veegt of de muis beweegt nadat de schermbeveiliging automatisch is ingeschakeld. Deze optie is handig als u niet wilt dat met uw computer wordt gewerkt wanneer u even van uw plek bent.

Bent u tevreden met de gewenste instellingen dan kunt u op **OK** klikken.
Let erop dat u de schermbeveiliging kunt uitschakelen door in de keuzelijst de optie **(Geen)** te kiezen.

Aanvullende instellingen

Voor de schermbeveiligingen Foto's en 3D-tekst kunt u aanvullende
instellingen maken door op de knop **Instellingen** te klikken. Hebt u
Foto's geselecteerd (deze schermbeveiliging resulteert in een diavoorstelling), dan biedt de knop **Instellingen** toegang tot het venster Instellingen
voor deze schermbeveiliging.

 Afbeelding 6.15
Instellingen voor schermbeveiliging Foto's.

Selecteer hier welke foto's wilt gebruiken; klik daartoe op **Bladeren** om
een map of bibliotheek met foto's te selecteren. Onder in het venster
hebt u dan nog enkele opties tot uw beschikking waarmee u de weergave
van de foto's kunt beïnvloeden. Klik op **Opslaan** om de gemaakte keuzen vast te leggen en geniet van de voorstelling.

De schermbeveiliging 3D-tekst toont een driedimensionale tekst die u
zelf kunt bepalen en van kleur en andere effecten kunt voorzien.

Direct3D
De schermbeveiliging 3D-tekst werkt alleen als de videokaart in de
computer compatibel is met Direct3D.

Tot de leukste instellingen die u kunt wijzigen behoren:

- **Klok of Tekst** Kies of u de tijd of een eigen tekst wilt weergeven.
  Klik op **Lettertype** om een lettertype te selecteren en gebruik de
  schuifregelaar **Grootte** om de grootte in te stellen.

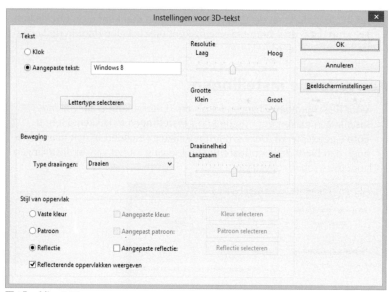

■ **Afbeelding 6.16**
Instellingen voor schermbeveiliging 3D-tekst.

■ **Beweging**   Hiermee bepaalt u of de tekst op het scherm draait of beweegt. U kunt tevens de snelheid instellen.

■ **Stijl van oppervlak**   Hier kiest u een oppervlak voor de tekst. Dit kan een afbeelding of een reflecterend oppervlak zijn. Gebruik de selectievakjes en de knoppen om meer instellingen te maken.

■ Muisaanwijzers aanpassen

Windows 8 kent nauwelijks grenzen als het gaat om het aanpassen van de gebruikersomgeving. Klik in het venster Persoonlijke instellingen op **Muisaanwijzers wijzigen** (links) om de aanwijzer in Windows 8 een ander uiterlijk te geven. Om het u makkelijk te maken hebt u standaard de beschikking over een groot aantal schema's.

Wilt u een bepaalde aanwijzer wijzigen dan selecteert u deze in het kader **Aanpassen**. Vervolgens klikt u op **Bladeren** en bladert u naar een bestand in cur- of ani-indeling. Op internet zijn talloze van dit soort bestanden voorhanden, evenals de programma's om zelf aanwijzers te ontwerpen.

Hebt u zelf aanwijzers toegevoegd, dan kunt u uw instellingen weer als schema opslaan. Klik daartoe op de knop **Opslaan als**.

Muisaanwijzers instellen.

 ### Bureaubladpictogrammen

Linksboven in het venster Persoonlijke instellingen vindt u nog de taak Bureaubladpictogrammen wijzigen. Deze taak laat u bepalen welke pictogrammen u op het bureaublad wilt zien; schakel daarvoor de overeenkomstige selectievakjes in. Wilt u een pictogram wijzigen, klik dan in het voorbeeldkader op het gewenste pictogram en klik op **Ander pictogram**; u kunt dan een ander pictogram selecteren.

▓ Beeldscherminstellingen wijzigen

Over het algemeen zal Windows uw videokaart en monitor correct herkennen en instellen. Het is dan ook niet nodig om de beeldscherminstellingen te wijzigen. Vindt u dat dat wel nodig is – en weet u wat u doet – klik dan met de rechtermuisknop op een leeg deel van het bureaublad en kies de opdracht **Schermresolutie**. U gebruikt deze opdracht ook om de grootte van de tekst op het scherm aan te passen.

Gebruik de lijst **Resolutie** om het aantal beeldpunten waaruit het scherm is opgebouwd te vergroten of te verkleinen. Hoe hoger de resolutie, des te scherper het beeld. Maar doorgaans worden tekst en pictogrammen dan ook een stuk kleiner.

Hebt u meerdere beeldschermen op uw computer aangesloten, dan kunt u deze ten opzichte van elkaar 'positioneren' door een van de monitoren in het voorbeeldvak naar de gewenste locatie te slepen. Gebruik de

Afbeelding 6.18

Het venster Schermresolutie. De mogelijkheden zijn afhankelijk van de videokaart die in de computer zit.

selectievakjes om te bepalen welk scherm het hoofdscherm is en of het bureaublad over meerdere schermen moet worden uitgebreid. Een handige sneltoets om te onthouden is Win+P, zeker als u regelmatig met uw laptop op stap bent en deze op een projector wilt aansluiten. Via Win+P stelt u snel in welke informatie op het tweede scherm verschijnt.

Afbeelding 6.19

Selecteren welke informatie op het tweede scherm wordt getoond.

Leer jezelf SNEL
Windows 8

143

Tekstgrootte aanpassen

Klik in het venster Schermresolutie op **Tekst en andere items groter of kleiner maken** om de weergave van teksten op het scherm aan te passen. Dit kan handig zijn bij beeldschermen met een hoge resolutie.

De taakbalk aanpassen

Ook de taakbalk kan naar wens worden ingericht – eerder in dit boek hebt u daar al het nodige over gelezen. Klik in het venster Persoonlijke instellingen linksonder op **Taakbalk** en selecteer de tab **Taakbalk**.

Afbeelding 6.20
Het venster Eigenschappen van Taakbalk.

Snelle toegang

Is het venster Persoonlijke instellingen niet geopend, dan kunt u het venster Eigenschappen van Taakbalk snel openen door met de rechtermuisknop op een leeg deel van de taakbalk te klikken en **Eigenschappen** te kiezen.

Taakbalk aanpassen

Op het tabblad **Taakbalk** kunt u de volgende opties in- of uitschakelen:

■ **Taakbalk vergrendelen**   Schakel deze optie in om de indeling van de taakbalk niet te kunnen wijzigen door pictogrammen erop van links naar rechts te slepen. Als u veel knoppen aan de taakbalk hebt vastgemaakt, kan het zinvol zijn om deze optie uit te schakelen. Een niet-vergrendelde taakbalk kunt u verplaatsen en vergroten (al dan niet per ongeluk!).

■ **Taakbalk automatisch verbergen**   Schakel deze optie in om de taakbalk te verbergen. Zodra de aanwijzer tegen de onderkant van het venster wordt geplaatst verschijnt de taakbalk automatisch.

■ **Kleine taakbalkknoppen gebruiken**   Schakel deze optie in om de hoogte van de taakbalk te halveren. De taakbalk heeft nu de vorm van oudere Windows-versies.

■ **Locatie van de Taakbalk op het scherm**   Maak een keuze uit de lijst voor de positie van de taakbalk op het scherm.

■ **Taakbalkknoppen**   Maak hier de keuze om knoppen op de taakbalk met een gemeenschappelijke functie (bijvoorbeeld: mappen, of documenten uit één bepaald programma) gegroepeerd, als één knop weer te geven (standaardinstelling). Als u **Nooit combineren** kiest lijkt de werking op die van oudere Windows-versies.

 Snel ontgrendelen en vergrendelen

U kunt de taakbalk snel ontgrendelen en weer vergrendelen door met de rechtermuisknop op een leeg deel van de taakbalk te klikken en **Taakbalk vergrendelen** te kiezen. Een vinkje voor de opdracht geeft aan dat de taakbalk is vergrendeld.

 Bureaublad weergeven

Mocht u zich afvragen waar de snelkoppeling **Bureaublad weergeven** is gebleven die zich vroeger in de werkbalk Snel starten bevond, dan volgt hier het antwoord: dat is een nagenoeg onzichtbare knop geworden die zich geheel rechts, naast de klok bevindt.

■ **Afbeelding 6.21**
De knop Bureaublad weergeven.

Overige aanpassingen

Klik met de rechtermuisknop op een leeg deel van de taakbalk en kies
Eigenschappen om nog de volgende aanpassingen te kunnen maken:

■ **Systeemvak**   Klik op de knop **Aanpassen** in de sectie **Systeemvak**
om aan te geven welke onderdelen u in het systeemvak wilt zien.

■ **Werkbalken**   Klik op de tab **Werkbalken** om meer werkbalken aan
de taakbalk toe te voegen. Met name de werkbalk **Adres** is handig,
want u kunt daarin een webadres (URL) typen waardoor u rechtstreeks naar de gevraagde website wordt gebracht (na drukken op
Enter).

■ **Afbeelding 6.22**
De werkbalk Adres.

Datum, tijd en volume aanpassen

Klik op het klokje geheel rechts in het systeemvak en kies **Instellingen
voor datum en tijd wijzigen** om het venster Datum en tijd weer te
geven. Klik hierin op **Datum en tijd wijzigen** om de datum en de tijd te
kunnen instellen (Windows houdt zelf rekening met zomer- en winter-
tijd). Gebruik desgewenst het tabblad **Extra klokken** om de klok van een
andere tijdzone te kunnen weergeven.

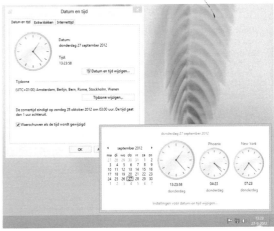

■ **Afbeelding 6.23**
*Het venster Datum en tijd en het venster met twee extra klokken, die u zelf kunt instellen. Klik op
het klokje in het systeemvak om dit venster zichtbaar te maken.*

Het volume van de luidsprekers past u aan door op het pictogram van het luidsprekertje in het systeemvak te klikken. Gebruik de schuifregelaar om de sterkte van het geluid aan te passen. Klik eventueel op **Mixer** om geluiden van andere onderdelen te kunnen aanpassen.

 Volume aanpassen in het startscherm

Wilt u vanuit het startscherm het volume aanpassen, druk dan op Win+I om de charm Instellingen te openen. Onderin ziet u een afbeelding van een luidspreker waarmee u het volume kunt aanpassen. Beschikt uw tablet of pc-toetsenbord over een aparte volumeregeling, dan kunt u die natuurlijk ook gebruiken.

■Toegankelijkheid

Tot slot van dit hoofdstuk over het aanpassen van Windows staan we kort stil bij de toegankelijkheidsopties van Windows. Dit zijn speciale voorzieningen voor gehandicapten, bijvoorbeeld voor diegenen die problemen hebben met het bedienen van de muis of het toetsenbord, of die slecht kunnen zien of horen. U krijgt toegang tot deze voorzieningen via het venster Toegankelijkheid, dat u opent door linksonder in het venster Persoonlijke instellingen op **Toegankelijkheidscentrum** te klikken (sneltoets: Win+U).

■ **Afbeelding 6.24**
Toegankelijkheidscentrum.

Het Toegankelijkheidscentrum kent vier algemene hulpmiddelen:

* Vergrootglas

* Schermtoetsenbord

* Verteller (Narrator)

* Hoog contrast instellen

Selecteer een van deze opties om de functie te starten.

Tot de specifiekere toegankelijkheidsopties behoren:

* De computer zonder beeldscherm gebruiken.

* De computer beter leesbaar maken.

* De computer zonder muis of toetsenbord gebruiken.

* De muis eenvoudiger in het gebruik maken.

* Het toetsenbord eenvoudiger in het gebruik maken.

* Tekst of visuele elementen in plaats van geluiden gebruiken.

* Het concentreren op taken eenvoudiger maken.

* Drukgevoelige schermen en tablet-pc's gebruiksvriendelijker maken.

De instellingen die u hier maakt worden voortaan automatisch ingeschakeld wanneer u zich aanmeldt.

 Toegankelijkheidsopties eerder inschakelen

U kunt bepaalde toegankelijkheidsopties al inschakelen voordat u zich voor de eerste keer aanmeldt. Op het aanmeldscherm van Windows bevindt zich geheel linksonder een knopje met de afbeelding van een gestileerde rolstoel. Klik hierop om een aantal veel voorkomende hulpmiddelen direct in te schakelen, zonder tussenkomst van het hiervoor genoemde Toegankelijkheidscentrum.

* **Afbeelding 6.25**
Toegankelijkheidopties instellen via het aanmeldscherm.

Hoofdstuk 7

De computer delen

*De kans is groot dat u uw computer thuis met gezinsleden deelt.
Dan is het goed om te weten dat u Windows 8 zodanig kunt inrichten, dat u uw privégegevens privé kunt houden. Daartoe maakt u
gebruik van zogeheten gebruikersaccounts: elke gebruiker krijgt zijn
eigen account. Zo'n account zorgt ervoor dat e-mail, documenten
en eigen instellingen (zoals gemaakt in het vorige hoofdstuk) niet
met anderen gedeeld worden. Dit hoofdstuk laat zien hoe u gebruikersaccounts instelt en van wachtwoorden voorziet en hoe u documenten op uw computer (toch) kunt delen.*

■ Inleiding

Tijdens de installatie van Windows dient u uw gebruikersnaam op te
geven. Met deze gebruikersnaam kunt u zich aanmelden bij Windows.
Eventueel kunt u een wachtwoord instellen, zodat u kunt voorkomen dat
anderen met uw computer werken; om aan te kunnen melden moet dan
namelijk het juiste wachtwoord worden ingevuld. De gebruikersnaam
zorgt ervoor dat u toegang krijgt tot uw eigen 'deel' van Windows
(mappen, documenten, instellingen) en dit geheel wordt een gebruikersaccount genoemd.

Lokale en Microsoft-accounts

Nieuw in Windows 8 is het onderscheid dat wordt gemaakt tussen een
lokale account en een Microsoft-account. Een lokale account is privé, en
is alleen beschikbaar op uw eigen computer. Een Microsoft-account is
een via internet gedeeld account, die Microsoft (deels) in de cloud voor u
opslaat. Aan zo'n account kunt u betaalgegevens koppelen, zodat u ook
apps in de Store kunt kopen. En u kunt zich met zo'n account op meerdere computers aanmelden, waarbij bepaalde instellingen automatisch
voor u worden gesynchroniseerd.

Wat is een Microsoft-account?

Er is een grote kans dat u al over een Microsoft-account beschikt:
Zowel Hotmail- als Live-accounts zijn namelijk Microsoft-accounts. U
gebruikt zo'n account bijvoorbeeld ook om bij Xbox LIVE aan te melden. Maar ook uw eigen e-mailadres kan voor een Microsoft-account
worden gebruikt.

Als u momenteel gebruikmaakt van een lokale account, volg dan de volgende stappen om over te schakelen naar aanmelding met een Microsoft-
account:

1 Open de charm Instellingen (Win+I) en klik op **Pc-instellingen wijzigen**, **Gebruikers**.

Het venster Uw account verschijnt.

Uw account

 Admin
Lokaal account

U kunt uw e-mailadres gebruiken als Microsoft-account om u aan te melden bij Windows. U
hebt dan overal toegang tot bestanden, foto's, synchronisatie-instellingen en nog veel meer.

Overschakelen naar een Microsoft-account

Aanmeldingsopties

Uw wachtwoord wijzigen

Andere gebruikers

Er zijn geen andere gebruikers op deze pc.

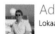 Een gebruiker toevoegen

■ **Afbeelding 7.1**
Uw account.

2 Klik op **Overschakelen naar een Microsoft-account**.

U wordt nu gevraagd om het wachtwoord van uw huidige – lokale –
account in te voeren, dus doe dat en klik op **Volgende**.

3 Voer in het venster Aanmelden met een Microsoft-account het e-mailadres van uw bestaande Microsoft-account in (bijvoorbeeld Hotmail of
Live.nl). Hebt u nog geen Microsoft-account, klik dan onder in het

scherm op **Een nieuw e-mailadres aanvragen** als u voor uw Microsoft-account een nieuw e-mailadres wenst te gebruiken. Wilt u geen nieuw e-mailadres aanvragen, voer dan uw eigen (bestaande) e-mailadres in.

Afhankelijk van uw keuze verschijnt het scherm Microsoft-account instellen of het scherm Aanmelden voor een nieuw e-mailadres. In beide gevallen dient u enkele gegevens in te vullen, zoals een (nieuw) wachtwoord, uw naam en de regio waar u woont. Voert u een adres in dat Microsoft al kent, dan wordt dat ook gemeld en moet u het wachtwoord voor dat e-mailadres invoeren.

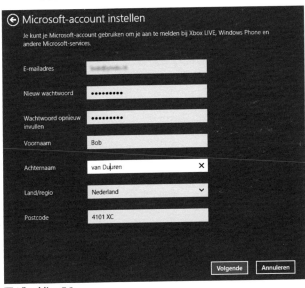

▨ **Afbeelding 7.2**
Een nieuwe account instellen.

4 Meldt u zich (uiteindelijk) aan met een geldige Microsoft-account, dan vraag Windows om het bijbehorende wachtwoord. Voer dat in en klik op **Volgende**.

5 Windows controleert de gegevens en toont mogelijk enkele verificatie-gegevens, zoals uw telefoonnummer en een alternatief e-mailadres, voor zover dat aan uw Microsoft-account is gekoppeld (gebruikt u bij-voorbeeld ook een Windows Phone met dezelfde account, dan is het telefoonnummer bij Microsoft bekend). Controleer de gegevens en klik op **Volgende**.

6 De computer is nu bijna gereed om met uw nieuwe account te wer-ken. Klik op **Voltooien** om het proces af te sluiten.

Kijk niet vreemd op wanneer u na een klik op **Voltooien** direct een sms'je en/of een e-mail van Microsoft ontvangt! Dit is een extra beveiligingsmaatregel, en u wordt bovendien uitgenodigd om de (nu) aan uw account nieuw toegevoegde computer te vertrouwen.

■ **Afbeelding 7.3**

U ontvangt een bevestigingsmail ten teken dat uw Windows 8-computer aan uw Microsoft-account is toegevoegd.

Klik op de link in de e-mail en voer uw wachtwoord in. U wordt vervolgens naar een webpagina gestuurd die bevestigt dat de computer is toegevoegd.

Als u nu op het startscherm kijkt, ziet u rechtsboven dat u met uw Microsoft-account bent aangemeld.

 Toch weer lokaal? Druk weer op Win+I en kies **Pc-instellingen**, **Gebruikers** om uw lokale account weer te kunnen gebruiken. Klik daartoe op **Overschakelen naar een lokaal account**.

Meerdere accounts

In Windows kunt u meerdere gebruikersaccounts maken, zodat u de computer met anderen kunt delen. Door gebruikersaccounts in te stellen hebben gebruikers van de computer controle over hun eigen e-mail, webpagina's, instellingen, documenten, mappen enzovoort. Gebruikt zoonlief bij voorkeur een mooie raceauto als achtergrond en dochterlief een foto van hond Bello, dan is dat geen probleem; deze instellingen zijn onderdeel van de gebruikersaccount.

Typen accounts

Windows kent drie verschillende typen accounts, die u voor verschillende doelen gebruikt:

- **Standaardaccount**   Deze account gebruikt u voor de 'normale' gebruikers op uw computer; het is verstandig ook zelf met een standaardaccount te werken. Met de standaardaccount kunt u alle gangbare acties uitvoeren, behalve de acties die invloed hebben op andere gebruikers. De standaardaccount biedt ook geen toegang tot documenten van anderen die met een wachtwoord beveiligd zijn.

- **Beheerdersaccount (administrator)**   Deze account kent geen beperkingen en laat u alles op de computer doen wat mogelijk is. Toch is het zinvol om dit type niet standaard te gebruiken.

- **Gastaccount**   Deze account biedt derden (beperkt) toegang tot uw computer. De gastaccount is standaard uitgeschakeld.

 Beheerder = administrator

De beheerder wordt in Windows *administrator* genoemd. In dit boek gebruiken we meestal de term beheerder.

Het is verstandig om ook voor uzelf een standaardaccount op te zetten, en daarnaast een aparte beheerdersaccount aan te maken die u *niet* standaard gebruikt. Mocht u dan ooit eens belangrijke wijzigingen in de computer willen aanbrengen, dan kunt u zich altijd met uw beheerdersaccount aanmelden. Maar Windows biedt u gelukkig ook de mogelijkheid om vanuit uw standaardaccount beheerderstaken uit te voeren; u dient dan wel het beheerderswachtwoord in te voeren.

Het nut van accounttypen

Windows kent de verschillende typen accounts omwille van de beveiliging. De mogelijkheden van een standaardaccount zijn beperkter. Dat betekent dat een gebruiker met een standaardaccount minder schade kan aanrichten. Maar dat niet alleen: ook programma's die binnen een standaardaccount worden uitgevoerd 'kunnen' minder. Dat is een prima beveiliging tegen ongewenste programma's zoals virussen en spyware.

Nieuwe account maken

In Windows 8 is het werken met gebruikersaccounts op het eerste gezicht wellicht een beetje onoverzichtelijk ingericht. Het feit dat er in de uitgeleverde versie ook nog een onhandige vertaalfout zit, maakt het toevoegen van lokale gebruikers er niet eenvoudiger op. We zullen u in deze paragraaf proberen op weg te helpen.

Om een nieuwe gebruiker toe te voegen gaat u als volgt te werk:

1 Open de charm Instellingen en klik op **Pc-instellingen wijzigen**, **Gebruikers**.

2 Klik op **Een gebruiker toevoegen**.

 ## Vanuit het Configuratiescherm

Wilt u een gebruiker liever vanuit het Configuratiescherm (Win+X, C) toevoegen, dan komt u bedrogen uit. Via de optie **Gebruikersaccounts en Ouderlijk toezicht**, **Gebruikersaccounts** kunt u namelijk geen account meer toevoegen. U dient in het Configuratiescherm **Wijzigingen aanbrengen in mijn account in Pc-instellingen** te selecteren, wat overeenkomt met de stappen 1 en 2 hiervoor.

▌ Afbeelding 7.4

Rechtstreeks een nieuwe account maken in het Configuratiescherm is er niet meer bij.

3 Klik op **Een gebruiker toevoegen.**

4 Let nu op: standaard zal Windows ervan uitgaan dat u een nieuwe gebruiker op basis van een Microsoft-account wilt toevoegen; vandaar dat om een e-mailadres wordt gevraagd. Wilt u een lokale account toevoegen, dan dient u onder in het scherm op de optie **Aanmelden met een Microsoft-account** (!) te klikken. Dat is natuurlijk erg verwarrend!

5 Klikt u in de vorige stap op de aangegeven optie, dan volgt een scherm waarin wordt uitgelegd wat het verschil is tussen een Microsoft-account en een lokale account. Dat weten we inmiddels, dus selecteer onderin de optie van uw keuze.

6 Voer de gewenste gegevens in en klik op **Volgende**.

Er wordt een samenvatting gegeven van de account, en er wordt gevraagd of u een account voor een kind maakt. Zo ja, dan wordt u uitgenodigd Ouderlijk toezicht in te schakelen; daarover leest u meer later in dit hoofdstuk.

Afbeelding 7.5
Schakel eventueel Ouderlijk toezicht in.

Vanuit het aanmeldvenster kunt u zich nu (eventueel) met de andere account aanmelden door naast de accountafbeelding op de naar links wijzende pijl te klikken.

Gebruikersaccountbeheer

Gebruikersaccountbeheer is de voorziening in Windows die dit alles regelt. In feite is de taak van Gebruikersaccountbeheer eenvoudig:

■ Voor taken die potentieel gevaarlijk zijn wordt de gebruiker met een beheerdersaccount gewaarschuwd. Hij of zij moet dan op **Ja** klikken, waarna de handeling wordt vervolgd.

■ Taken die potentieel gevaarlijk zijn kunnen door een gebruiker met een standaardaccount niet worden uitgevoerd. Windows vraagt echter om het wachtwoord van de beheerder om de taak alsnog uit te voeren, dus als u tevens beheerder van de computer bent kunt u ook met een standaardaccount dit soort taken uitvoeren.

Het is derhalve een goede gewoonte om altijd met een standaardaccount te werken, omdat deze de meeste beveiliging biedt. Het is dan ook zeker niet verstandig Gebruikersaccountbeheer *uit* te schakelen, alhoewel Windows die mogelijkheid wel biedt.

Gebruikersaccountbeheer uitschakelen

Wanneer u Gebruikersaccountbeheer uitschakelt wordt u niet meer gewaarschuwd voor potentieel gevaarlijke taken. Omdat kwaadwillende programma's dan ook niet meer worden opgemerkt doet u er verstandig aan Gebruikersaccountbeheer niet uit te schakelen. Bent u een ervaren gebruiker en ervan overtuigd dat u Gebruikersaccountbeheer niet – of in mindere mate – nodig hebt, dan kunt u de instellingen als volgt aanpassen: open het Configuratiescherm en klik op **Gebruikersaccounts en Ouderlijk toezicht**. Klik aansluitend op **Gebruikersaccounts**, **Instellingen voor Gebruikersaccountbeheer wijzigen**. U kunt nu een van de vier niveaus selecteren, waarbij het laagste niveau overeenkomt met geen beveiliging.

■ **Afbeelding 7.6**

Instellingen voor Gebruikersaccountbeheer maken.

Welke taken vereisen beheerdersrechten?

Taken die beheerdersrechten vereisen zijn in Windows te herkennen aan het blauw-gele schildje.

▨ Accounts onderhouden

In deze paragraaf leert u hoe u een gebruikersaccount onderhoudt.

Een account bewerken

U kunt in het Configuratiescherm (Gebruikersaccounts) een account direct bewerken, bijvoorbeeld om een wachtwoord in te stellen. Dat is niet verplicht (en voor kleine kinderen wellicht niet zo handig), maar zeker voor volwassen huisgenoten is het verstandig om een wachtwoord in te stellen. Overigens kunnen gebruikers hun eigen wachtwoord te allen tijde wijzigen (zie ook de volgende paragraaf). Ook kunnen gebruikers met een account zonder wachtwoord zelf een wachtwoord instellen. Klik in het venster Gebruikersaccount op **Een ander account beheren** om een andere account te kunnen beheren.

▨ **Afbeelding 7.7**
Het venster Accounts beheren.

Afbeelding 7.8
Wijzig hier de instellingen van de account.

In het venster Accounts beheren wordt per account aangegeven of de account is in- of uitgeschakeld (zoonlief straf? Schakel zijn gebruikers-account – tijdelijk – uit). Ook ziet u hier of een account met een wachtwoord is beveiligd. Wilt u een account wijzigen, klik dan op de naam van de account. Het venster Een account wijzigen verschijnt dan. Hier kunt u:

- **De accountnaam wijzigen**   Laat u de naam van de account wijzigen.

- **Een wachtwoord instellen**   Laat u een wachtwoord voor de account instellen. Omdat dit van invloed kan zijn op eerdere activiteiten die de gebruiker op de computer heeft uitgevoerd, wordt u gewaar-schuwd. Zolang u geen documenten bewust hebt versleuteld is er echter niet zo veel aan de hand. U dient het wachtwoord overigens tweemaal in te voeren. U kunt ook een geheugensteun invoeren, maar die zal voor alle andere gebruikers zichtbaar zijn; een geheu-gensteun als 'mijn wachtwoord is: pietje' is derhalve niet aan te beve-len. 'Kenteken van mijn eerste auto' heeft al meer zin, mits u de enige bent die dat (nog) weet en u dit kenteken niet vergeet!

- **Family safety (Ouderlijk toezicht) instellen**   Laat u beperkingen voor andere gebruikers opleggen. Hierover leest u meer later in dit hoofdstuk, in de paragraaf Ouderlijk toezicht.

- **Het accounttype wijzigen**   Laat u een standaardaccount omzetten in een beheerdersaccount of andersom.

■ **De account verwijderen** Dit verwijdert een account en de documenten, e-mailberichten, instellingen enzovoort die bij deze account horen. Een aantal van de documenten kan bewaard worden, maar niet alle. Klik op **Bestanden verwijderen** om alles te verwijderen of klik op **Bestanden bewaren** om persoonlijke mappen met documenten te bewaren. E-mailberichten en andere instellingen gaan echter verloren.

Door op **Een ander account beheren** te klikken keert u terug naar het venster Accounts beheren.

En de afbeelding dan?

Tja… de afbeelding bij de gebruikersaccount wijzigt u in de Pc-instellingen (bij Persoonlijke instellingen; zie pagina 128).

Een standaardaccount beheren

Als u over een standaardaccount beschikt kunt u alleen uw wachtwoord of uw afbeelding wijzigen; het is helaas – maar begrijpelijkerwijs – niet mogelijk om zonder tussenkomst van een beheerder uw standaardaccount om te zetten in een beheerdersaccount. Wilt u van uw standaardaccount de afbeelding of het wachtwoord wijzigen, dan gaat u als volgt te werk:

1 Open de charm Instellingen, Pc-instellingen wijzigen.

2 Kies een van de volgende opties:

■ **Gebruikers** Klik op **Uw wachtwoord wijzigen** om een nieuw wachtwoord te kiezen. U moet wel eerst het oude wachtwoord invoeren.

■ **Persoonlijke instellingen** Zie pagina 128 voor aanwijzingen hoe u hier uw accountafbeelding aanpast.

■ Openbare mappen

Wanneer u uw computer deelt met anderen, wilt u natuurlijk niet dat uw documenten 'op straat liggen'. Het goede nieuws is dan ook dat gebruikers met een standaardaccount alleen bij hun eigen documenten kunnen. Windows 8 maakt op de vaste schijf een hoofdmap Gebruikers, met daarin per account een submap met de naam van de account. Alleen de map van uw eigen (standaard)account kunt u bekijken; andere mappen zijn alleen toegankelijk als u het wachtwoord van de beheerder kent.

█ **Afbeelding 7.9**
Daar kunt u dus niet bij.

Veiligheid voor alles derhalve. Maar het is natuurlijk lastig als u documenten juist bewust wilt delen; denk bijvoorbeeld aan de cd-verzameling, gemeenschappelijke documenten en opgenomen televisie-uitzendingen. Vandaar dat Windows 8 een voorziening kent die 'openbare mappen' wordt genoemd. Openbare mappen zijn mappen die door iedereen toegankelijk zijn en waarin u documenten kunt plaatsen die u met anderen wilt delen.

Documenten in openbare mappen

Om documenten in openbare mappen te plaatsen gaat u als volgt te werk:

1 Klik in de taakbalk van het bureaublad op **Verkenner** en open de bibliotheek Documenten. Blader desgewenst door naar een submap.

2 Klik in de structuur eventueel op het driehoekje bij **Documenten** om de structuur zichtbaar te maken, mocht deze niet zichtbaar zijn.

█ **Afbeelding 7.10**
De structuur is zichtbaar.

3 Sleep een document vanuit uw eigen map boven op de map Openbare documenten. Hiermee verplaatst u het document naar de map. Houd eventueel de Ctrl-toets ingedrukt om het document naar de gewenste map te kopiëren (zie ook hoofdstuk 4).

4 Wilt u de inhoud van de map Openbare documenten zichtbaar maken, klik er dan op.

Documenten in openbare mappen kunnen door alle gebruikers van de computer benaderd worden.

Opslaan als

Op dezelfde wijze kunt u vanuit een programma rechtstreeks in een openbare map opslaan: klik – indien noodzakelijk – op **Door mappen bladeren**, maak de structuur zichtbaar en selecteer een openbare map.

Ook voor muziek, afbeeldingen en video's

Ook de bibliotheken Muziek, Afbeeldingen en Video's bevatten openbare mappen, die op dezelfde wijze gebruikt kunnen worden.

Ouderlijk toezicht

Wilt u het gebruik van de computer beperken, dan kunt u gebruikmaken van de voorziening **Ouderlijk toezicht**. Meld u daarvoor aan met een beheerdersaccount en kies **Ouderlijk toezicht voor een gebruiker instellen** in het Configuratiescherm.

Afbeelding 7.11

Het venster Ouderlijk toezicht.

U kunt ouderlijk toezicht voor gebruikers instellen die over een standaardaccount beschikken. U ziet het: nog een reden om alleen met standaardaccounts te werken; beheerdersaccounts kunnen namelijk niet van ouderlijk toezicht worden voorzien.

Klik dus op een gebruiker met een standaardaccount om het venster Gebruikersinstellingen te openen.

Afbeelding 7.12

Het venster Gebruikersinstellingen.

Ouderlijk toezicht instellen

Ga als volgt te werk om ouderlijk toezicht in te stellen:

1 Klik onder **Ouderlijk toezicht** op **Ingeschakeld: huidige instellingen toepassen**.

2 Bepaal onder **Activiteitenrapportage** of u een activiteitenrapportage wilt laten bijhouden.

3 Klik onder **Windows-instellingen** op een van de volgende categorieën:

- **Filteren op webinhoud**   Hier bepaalt u welke websites toegankelijk zijn of geblokkeerd worden.

- **Tijdslimieten**   Hier bepaalt u op welke tijden de gebruiker toegang tot de computer heeft.

■ **Beperkingen voor spellen en Windows Store-apps**   Hier
bepaalt uw welke spellen wel of niet gespeeld mogen worden.

■ **App-beperkingen**   Hier kunt u per app/programma bepalen of
een gebruiker dit mag gebruiken.

Klik in het venster Ouderlijk toezicht op **Instellingen op de Family
Safety-website beheren** om de instellingen via een webpagina te beheren. Dit is een internettoepassing waarvoor een verbinding en een Microsoft-account vereist is.

■ **Afbeelding 7.13**
Big brother is watching you…

Internet-apps

Uiteraard is Windows 8 ingericht om met internet te kunnen
werken. In dit hoofdstuk bespreken we de belangrijkste internet-
programma's en -apps.

▉ Surfen met Internet Explorer

De 'uitvinding' van het WWW aan het begin van de jaren negentig heeft
een belangrijke rol gespeeld bij de populariteit van internet. Dankzij het
bijbehorende *HyperText Transfer Protocol* (HTTP) werd het mogelijk om
afbeeldingen en kleur in documenten te gebruiken. Bovendien deed de
hyperlink of (hyper)koppeling haar intrede, waarmee documenten op het
WWW eenvoudig met elkaar 'verbonden' konden worden; één druk op
de knop is voldoende om een andere pagina te openen, die zich op een
computer aan de andere kant van de wereld kan bevinden.

Wat is surfen?

Het rondneuzen op het wereldwijde web wordt surfen genoemd; u
surft van de ene webpagina naar de andere en van de ene website
naar de andere. En dat alles zonder een nat pak te halen.

Rol van de browser

De browser is een universeel stukje software waar inmiddels hele (zakelijke) oorlogen over worden gevoerd. Iedereen wil op internet, dus zijn
leveranciers er happig op om een browser te maken die zo veel mogelijk
functionaliteit biedt. Gangbare browsers zijn Internet Explorer, Firefox,
Google Chrome en Opera. Alhoewel alle browsers in staat zijn om
HTML-pagina's zo goed mogelijk weer te geven, doen ze dat alle op een
eigen en daardoor soms verschillende wijze. Vandaar dat u op websites
vaak leest dat ze zijn geoptimaliseerd voor Internet Explorer. Windows 8
wordt overigens geleverd met twee versies van Internet Explorer: als app
en als reguliere Windows-toepassing.

Een eerste surfsessie met de app

Volg de onderstaande stappen om een website te bezoeken.

1 Zorg dat u verbonden bent met internet.

2 Klik in het startscherm op de tegel **Internet Explorer**.

Het browservenster wordt geopend en de zogeheten *startpagina* verschijnt. U kunt deze startpagina zelf bepalen.

3 Klik in de adresregel onderin; deze is te herkennen aan de (vaak cryptische) tekst die begint met `http://`.

De tekst in de regel wordt blauw gemarkeerd, ten teken dat deze geselecteerd is. U kunt nu de naam van een andere website invoeren; u hoeft niet eerst op Delete of een andere toets te drukken.

Url

Een internetadres wordt ook vaak URL (*Uniform Resource Locator*) genoemd. Een complete URL bestaat uit een protocol, een domein en een pagina. Bijvoorbeeld: **http://www.omroep.nl/index.html**.

4 Typ `www.vanduurenmedia.nl` en druk op Enter (u hoeft zelf geen `http://` te typen). De website van Van Duuren Media verschijnt in beeld.

■ **Afbeelding 8.1**
De eerste website in de browserapp.

De pagina die verschijnt, is opgebouwd uit tekst, kleur en afbeeldingen. Op de pagina staan verwijzingen naar andere webpagina's of websites, die afwijkend van kleur en/of onderstreept zijn. Ook kan een afbeelding naar een andere webpagina verwijzen. U kunt dit controleren door de aanwijzer over de pagina te bewegen; verandert deze in een handje, dan hebt u zo'n koppeling te pakken. Linksonder in de browser (boven de adresregel) verschijnt het adres van de webpagina die zal verschijnen als u op de koppeling klikt.

5 Klik op een koppeling naar keuze. De nieuwe pagina verschijnt in de browser.

Gebruik de schuifbalken om de pagina binnen het browservenster te verschuiven, mocht niet alle tekst leesbaar zijn.

Koppelingen in verschillende kleuren

Soms hebben koppelingen op een pagina verschillende kleuren. Dat duidt aan dat u bepaalde pagina's al hebt bezocht. De gebruikte kleuren liggen al lang niet meer vast, maar 'vroeger' was het zo dat niet-bezochte koppelingen blauw en wel-bezochte koppelingen rood (of paars) werden weergegeven.

Gebruik de knop **Vorige** (de naar links wijzende pijl linksonder) om naar de vorige pagina terug te keren. Klik op de knop **Stop** (het kruisje rechts naast de adresbalk) als u een pagina hebt opgevraagd die niet wil verschijnen of te lang duurt om te laden; u kunt dan alsnog op **Vorige** klikken of een nieuw adres invullen. Aardige adressen die u in uw eerste surfsessie kunt uitproberen zijn:

- www.omroep.nl / www.vrt.be
- www.telegraaf.nl / www.destandaard.be
- www.volkskrant.nl / www.demorgen.be
- www.nrc.nl / www.hetnieuwsblad.be
- www.veronica.nl / www.vtm.be
- www.smulweb.nl / www.resto.be
- www.cnn.com
- www.google.nl / www.google.be
- www.startpagina.nl / www.startpagina.be

■ **Afbeelding 8.2**
Via Startpagina.nl hebt u toegang tot duizenden andere sites.

Met of zonder www?

De tekst `www.` voor de naam van een domeinnaam geeft aan dat u hiermee de World Wide Web-server van de organisatie bezoekt. Veel bedrijven zijn echter ook bereikbaar direct op hun domeinnaam (dus zonder `www.`), zoals bijvoorbeeld **cnn.com**. In sommige gevallen bevat een websitenaam in het geheel geen **www**, zoals bijvoorbeeld **por-tal.omroep.nl**.

Technieken

In beginsel is Internet Explorer een eenvoudig gereedschap. In de vorige paragraaf hebt u de belangrijkste handelingen al leren kennen. In de tabel treft u een samenvatting aan.

Handeling	Actie
Een website openen	Typ de naam van de website in de adresregel.
Een koppeling openen	Klik op de koppeling (de aanwijzer heeft de vorm van een handje). Druk op Shift terwijl u klikt om de pagina op een nieuw tabblad te openen (zie later).
Een pagina teruggaan	Klik op de knop **Vorige**.

Een pagina vooruit gaan	Klik op de knop **Volgende**, helemaal rechts naast de adresregel; dit kan alleen als u eerst op **Vorige** hebt geklikt.
Het laden van een pagina onderbreken	Klik op de knop **Stop** (het rode kruisje).
Een pagina opnieuw laden	Klik op de knop **Vernieuwen** (het kromme pijltjes).
Een pagina afdrukken	Druk op Ctrl+P, selecteer een printer en klik op de knop **Afdrukken**.
Het adres van een pagina naar iemand verzenden	Open de charmbalk (Win+C) en kies **Delen**. Met de optie **Personen** deelt u de pagina op sociale media, met de optie **E-mail** verstuurt u de informatie per e-mail (zie later dit hoofdstuk).

Op zoek naar websites

Om een bepaalde website in de browser weer te geven, moet u het WWW-adres kennen. Nu is dat vaak eenvoudig: het adres is vaak www.bedrijfsnaam.nl of www.bedrijfsnaam.com. U kunt te allen tijde 'gokken' op de naam van de website; met www.philips.nl, www.abnamro.nl, www.postbank.nl en www.belastingdienst.nl zit u altijd goed. Blijkt een adres niet te werken, probeer dan de .com-variant (www.philips.com, www.sony.com enzovoort). Via de site www.startpagina.nl hebt u toegang tot duizenden websites in talloze categorieën, zodat u ook op die manier ongetwijfeld kunt vinden wat u zoekt.

Lukt het u echter niet om een pagina over een bepaald onderwerp, product of dienst te vinden, dan kunt u uw toevlucht nemen tot een zogenoemde zoekmachine. Internet kent talloze zoekmachines die het vinden van informatie op internet kunnen vergemakkelijken. Bekende zoekmachines zijn:

- www.google.nl / www.google.be
- www.bing.com
- www.ilse.nl
- www.vinden.nl

Op de site van de zoekmachine voert u een of meer zoekwoorden in en drukt u op Enter, of klikt u (in de webpagina!) op de knop die vaak **Zoeken**, **Vinden** of **Find It** heet. Als uw zoekwoorden in de database van de zoekmachine worden gevonden, krijgt u een overzicht van de relevante pagina's te zien.

Afbeelding 8.3

Succes! Google heeft diverse pagina's op het zoekwoord 'modeltreinen' gevonden.

Zoeken via de adresbalk

U kunt in de adresbalk ook een term typen die geen webadres is. Type bijvoorbeeld `modeltreinen` en druk op Enter; er wordt nu – via Microsofts zoekmachine Bing – een overzicht van sites getoond die het zoekwoord als onderwerp hebben. Klik op een van de sitenamen om deze direct te openen.

Favorieten gebruiken

Hebt u een leuke website gevonden, dan kunt u het adres ervan aan een lijst met favoriete adressen toevoegen. U plaatst deze adressen naar keuze op het startscherm, of in de map Favorieten.

Vanuit Internet Explorer voegt u favoriete websites toe door op de knop **Website vastmaken** te klikken, die u rechts naast de adresbalk aantreft (de punaise). U gaat als volgt te werk:

1 Blader naar een website die u aan uw favorieten wilt toevoegen. Typ bijvoorbeeld `www.vanduurenmedia.nl` in de adresregel en druk op Enter.

2 Klik op de knop **Website vastmaken**. Er verschijnt een menu met twee opties:

   ■ **Aan Favorieten toevoegen** Deze optie plaatst het adres van de website in de map Favorieten van Internet Explorer, die ook door de 'grote' bureaubladversie wordt gebruikt.

■ **Vastmaken aan Start**   Deze optie plaatst een tegel naar de webpagina op het startscherm.

Om een favoriete website te bezoeken klikt u in de adresregel. U ziet nu
verschillende categorieën verschijnen: Vastgemaakt, Vaak gebruikt en
Favorieten. Schuif naar de gewenste tegel en klik erop om de site te openen. Klik met de rechtermuisknop op een tegel om deze in een ander
tabblad te openen.

■ Afbeelding 8.4
De Favorieten in de app verschijnen als u in de adresbalk klikt.

Aanvullende mogelijkheden

De app biedt nog enkele extra's, die we in deze paragraaf kort toelichten.

■ **Zoeken op de pagina**   Druk op Ctrl+F of klik op de knop
Hulpprogramma's voor pagina's (de sleutel) om de webpagina zelf
op tekst te kunnen doorzoeken. Het zoekwoord wordt gemarkeerd
op de pagina weergegeven, zodat u het snel lokaliseert.

■ **Op het bureaublad weergeven**   Onder de knop **Hulpprogramma's
voor pagina's** (de sleutel) bevindt zich de opdracht **Op het bureaublad weergeven**. Klik hierop om de geopende pagina in de 'grote'
versie van Internet Explorer te tonen (zie hierna).

■ **Tabbladen**   Wanneer u de appbalk opent (rechtermuisknop of vanuit de onderrand omhoog vegen), verschijnt boven in het scherm
tevens een navigatiebalk. Druk op de plusknop (**Nieuw tabblad**) om
een nieuw, leeg venster te openen. Op die manier kunt u meerdere
webpagina's tegelijk openen. De geopende sites worden eveneens in
de navigatiebalk getoond. U wisselt snel tussen sites door op de
afbeelding van de webpagina te klikken.

Sneltoets

Een nieuw tabblad opent u snel via de toetsencombinatie Ctrl+T. Met Ctrl+1, Ctrl+2, Ctrl+3 enzovoort navigeert u naar tabblad 1, tabblad 2 enzovoort. Ctrl+F4 sluit een tabblad.

■ **Tabbladmenu**   Via de knop **Tabbladmenu** in de navigatiebalk (de drie puntjes) kunt u een zogeheten InPrivate-tabblad openen. Surfgedrag wordt op dat tabblad niet bewaard, waardoor de browser geen 'sporen' op het systeem achterlaat.

■ Internet Explorer 10

In Windows 8 treft u – naast de zojuist besproken app – ook versie 10 van Internet Explorer aan. U opent deze browser bijvoorbeeld vanuit de app (zoals hiervoor besproken), of op het bureaublad via de knop **Internet Explorer** in de taakbalk.

 Geen knop?

Door de voortdurende schermutselingen tussen de EU en Microsoft kan het zijn – als gevolg van een niet afgeronde procedure in het browserkeuzescherm – dat de knop niet meer zichtbaar is in de taakbalk. Wilt u Internet Explorer toch onder handbereik hebben, druk dan eenmalig op Win+R en typ `iexplore`, waarna u op Enter drukt. Internet Explorer wordt nu gestart. Klik met de rechterknop op de knop van Internet Explorer in de taakbalk (nu staat de knop er wel!) en kies **Dit programma vastmaken aan de taakbalk**.

Webbrowser(s) selecteren

■ **Afbeelding 8.5**
Het browserkeuzescherm.

De werking van Internet Explorer komt grotendeels overeen met de app, maar uiteraard is het grote broertje iets uitgebreider. Zo zijn tabbladen duidelijker zichtbaar, hebt u toegang tot de startpagina (het huisje rechtsboven), favorieten, feeds en geschiedenis (de knop met het sterretje rechtsboven in het browservenster) en biedt het menu **Extra** (het tandwiel) toegang tot veel geavanceerde functies. En de adresregel bevindt zich bovenin, waarbij de knoppen **Vorige** en **Volgende** zich beide links van het adresvak bevinden.

Menubalk

Het oprukkende lint en nieuwe gebruikersinterfaces ten spijt: Internet Explorer heeft nog steeds een traditionele menubalk. U maakt deze zichtbaar door op Alt te drukken.

Tot de nuttige functies van Internet Explorer 10 behoren onder andere:

- Tabbladen
- RSS-feeds lezen
- Beveiliging

Tabbladen

Wanneer u op een koppeling klikt of een adres in de adresregel invoert, vervangt de nieuwe pagina de huidige pagina. Het is echter ook mogelijk om een nieuwe pagina op een aparte tab te laten verschijnen; hierbij wordt de tab met de huidige pagina bewaard. Vervolgens is het eenvoudig om tussen de pagina's te wisselen, door op de gewenste tab te klikken.

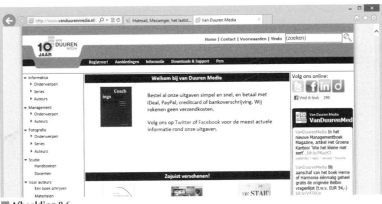

Afbeelding 8.6

Tabs in Internet Explorer. Rechts ziet u de 'lege' tab.

Wilt u een nieuw webadres in de adresregel invoeren en wilt u deze webpagina op een aparte tab laten verschijnen, klik dan eerst op de lege tab. Internet Explorer geeft aan dat u een nieuw tabblad hebt geopend. Typ het adres op de bekende wijze in de adresbalk en druk op Enter; de pagina verschijnt op de nieuwe tab. U kunt nu schakelen tussen de pagina's door op de desbetreffende tab te klikken.

Het is ook mogelijk om op een koppeling te klikken en die pagina op een nieuwe tab te laten verschijnen. Houd in dat geval de Ctrl-toets ingedrukt terwijl u op de koppeling klikt. De pagina wordt overigens wel geladen (er verschijnt een tab), maar de tab wordt zelf niet geactiveerd; u moet dus ook nog op de tab klikken om de pagina zichtbaar te maken. Vindt u dat onhandig, dan kunt u met ingedrukte Ctrl- en Shift-toets op een koppeling klikken, waardoor de pagina ook direct zichtbaar wordt.

Hebt u verschillende tabs beschikbaar, dan kunt u de volgende technieken gebruiken:

▓ Klik op het kruisje naast de naam van een tab om de pagina te sluiten. Of klik met de rechtermuisknop op de tab en kies **Sluiten**.

▓ Klik op **Favorieten**, de pijl naast de knop **Aan Favorieten toevoegen** en vervolgens op **Huidige tabbladen aan Favorieten toevoegen** om alle geopende tabbladen in één keer aan de lijst Favorieten toe te voegen. Voer een naam in voor de tabbladgroep die voor u duidelijk herkenbaar is (bijvoorbeeld: Ochtendkranten). Wanneer u nu de favorieten bekijkt, ziet u dat de tabbladgroep in een map is opgeslagen. Klik met de rechtermuisknop op de naam van de groep en kies **In tabbladgroep openen** om alle pagina's in één handeling te openen.

▓ Klik met ingedrukte Shift-toets op een koppeling om een webpagina niet in een nieuw tabblad, maar in een nieuw browservenster te openen.

▓ **Afbeelding 8.7**
Klik op het pijltje om de complete groep in één keer te openen.

Andere startpagina

Wilt u dat Internet Explorer standaard met een andere pagina wordt geopend? Surf dan naar deze pagina, en klik op **Extra**, **Internetopties**. Op de tab Algemeen klikt u op **Huidige gebruiken** om de momenteel geopende pagina uw nieuwe startpagina te maken.

RSS-feeds lezen

Een handige functie is de mogelijkheid om RSS-feeds – kortweg feeds – te lezen. Feeds zijn berichtkoppen die door bijvoorbeeld nieuwsdiensten worden aangeboden en regelmatig worden ververst. Bent u op een feed geabonneerd, dan kunt u deze in een RSS-lezer lezen; Internet Explorer biedt die mogelijkheid eveneens.

Wanneer een webpagina een feed bevat is dat te zien aan de specifieke informatie verschijnt.

■ **Afbeelding 8.8**
Dit is een pagina met een RSS-feed.

Om verzekerd te zijn van automatische updates kunt u zich op de feed abonneren. Daartoe voegt u de feed toe aan uw Favorieten. Klik op de koppeling **Abonneren op deze feed** die u op de pagina ziet. U kunt ver- volgens een (andere) naam aan de feed geven, waarna u op **Abonneren** klikt om de feed daadwerkelijk toe te voegen.

Wilt u een feed bekijken, klik dan op de knop **Favorieten** en schakel de knop **Feeds** in. Zodra u op de naam van een feed klikt, wordt deze bij- gewerkt en getoond.

■ **Afbeelding 8.9**
De lijst met feeds in het Favorietencentrum.

■ Werken met e-mail

E-mail is ongetwijfeld nog steeds een van de meest gebruikte toepassingen van internet. Vandaar dat Windows 8 ook van een e-mailapp is voorzien. In deze paragraaf bekijken we de app nader.

 Microsoft-account

Om e-mail te kunnen gebruiken is een Microsoft-account vereist; dat geldt ook voor het gebruik van Agenda, Personen en Berichten. In het vorige hoofdstuk hebt u kunnen lezen hoe dit in zijn werk gaat.

U start de app door in het startscherm op de tegel E-mail te klikken. Standaard wordt meteen contact gelegd met het e-mailsysteem achter uw Microsoft-account (Hotmail.com, Live.nl) zodat u meteen aan de slag kunt. Maar het aardige van de app is dat u ook andere accounts kunt toevoegen. Werkt uw bedrijf bijvoorbeeld met Exchange, dan kunt u een Exchange-account toevoegen. Maar ook Googles Gmail wordt ondersteund, evenals standaard IMAP-e-mail.

Account toevoegen

Ervan uitgaande dat u Hotmail niet voor uw primaire e-mail gebruikt, staan we even kort stil bij het toevoegen van een account. Dat gaat als volgt:

1 Open de charm Instellingen (Win+I) en klik op **Accounts**.

2 Klik op **Een account toevoegen**.

Er verschijnt een overzicht met beschikbare accounts, zoals Outlook (Exchange), Google en Ander account.

3 Selecteer het gewenset accounttype, bijvoorbeeld **Ander account**.

Het venster Jouw Overige-account toevoegen verschijnt.

4 Klik op **Meer details weergeven** om alle benodigde instellingen te kunnen maken. Tot de benodigde gegevens behoren:

■ Uw e-mailadres.

■ De gebruikersnaam die u van uw internetprovider hebt ontvangen.

■ Uw wachtwoord.

■ De IMAP-servernaam van uw internetprovider.

Afbeelding 8.10

Voer de benodigde gegevens in.

> De servernaam voor uitgaande e-mail die u van uw internet-provider hebt ontvangen.

5 Indien de server voor uitgaande e-mail andere toegangsinformatie vereist, schakel dan het vakje **Dezelfde gebruikersnaam en hetzelfde wachtwoord gebruiken om e-mail te ontvangen en te versturen** uit; er verschijnen dan invoervakken om de aanvullende vereiste gegevens in te voeren.

Uw provider kan informatie verschaffen over de noodzaak om SSL te gebruiken.

Zodra de gegevens zijn ingevoerd klikt u op **Verbinding maken**. Indien de gegevens correct zijn, dan wordt de e-mail opgehaald en in de app getoond.

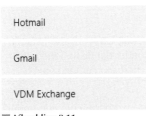

Afbeelding 8.11

Er zijn verschillende accounts toegevoegd – u bekijkt ze door op de accountnaam te klikken.

E-mail opstellen

De app gedraagt zich als een standaard Windows 8-app, dus ook hier hebt u weer toegang tot enkele opdrachten via de opdrachtbalk. Maar om een e-mail op te stellen hoeft u die niet te openen; klik gewoon op het plusje rechtsboven (**Nieuw**), of druk op Ctrl+N.

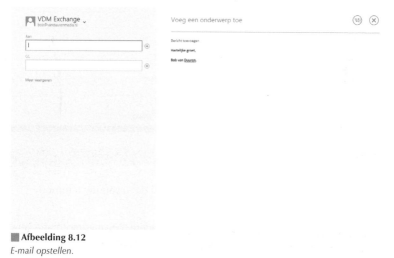

Afbeelding 8.12
E-mail opstellen.

Voer in het vak **Aan** het e-mailadres van de geadresseerde in; in het vak **CC** plaatst u e-mailadressen van personen die u op het bericht wilt kopiëren. De plusknopjes naast de vakken openen de app Personen (zie later), zodat u eenvoudig een contactpersoon kunt selecteren zonder dat u het e-mailadres hoeft te kennen. Klik in die app op de personen in kwestie en klik op **Toevoegen** om ze aan het vak **Aan** of **CC** toe te voegen.

BCC

Klik op **Meer weergeven** om ook het BCC-vak weer te geven; via dit vak kopieert u personen op uw bericht, zonder dat de andere ontvangers daarvan op de hoogte worden gebracht (*blind carbon copy*).

Klik nu in de onderwerpregel ('Voeg een onderwerp toe') om een onderwerp voor uw e-mailbericht in te voeren (bijvoorbeeld: Uitnodiging voor mijn verjaardag). Klik onder de streep (bij **Bericht toevoegen**) om de inhoud van uw bericht te typen. Technieken die u in hoofdstuk 3 hebt geleerd (selecteren, knippen, kopiëren, plakken, tekst opmaken enzovoort) werken in E-mail op vergelijkbare wijze – zij het dat diverse opdrachten in de appbalk verschijnen.

 Afbeelding 8.13
Een bericht met geopende appbalk.

Bent u tevreden met uw bericht, lees het dan nog eenmaal door en klik op de knop **Verzenden**, linksboven naast het sluitkruisje.

Personen toevoegen

Windows 8 koppelt uw adresboek (Personen) aan E-mail. U kunt snel geadresseerden toevoegen door hun naam in de vakken **Aan**, **CC** en/of **BCC** te typen; u ziet vanzelf een lijstje namen verschijnen van personen wiens naam overeenkomt met wat u typt.

Bijlagen toevoegen

De mailapp van Windows 8 laat u ook een of meer bijlagen toevoegen, zoals foto's, documenten en liedjes. Om een bijlage aan een bericht toe te voegen gaat u als volgt te werk:

1 Stel het bericht op zoals beschreven in de vorige paragraaf.

2 Open de appbalk en klik op **Bijlagen**.

Het selectievenster voor documenten wordt geopend, zoals u dat kent uit hoofdstuk 6.

3 Blader naar de map met het bij te voegen document en selecteer het door erop te klikken. U kunt meerdere bestanden tegelijk selecteren door te blijven klikken. Is uw selectie voltooid, klik dan op **Toevoegen**.

Uitnodiging voor mijn verjaardag

 bedankje karel
.rtf 356 bytes

 Brief
.rtf 196 bytes

2 bestanden toegevoegd   Met SkyDrive verzenden

■ **Afbeelding 8.14**
De bijlagen zijn toegevoegd.

Niet verzenden

Klik op het kruisje rechtsboven in het venster E-mail opstellen om de e-mail niet te verzenden en te sluiten. Selecteer **Concept verwijderen** als u de e-mail ook niet wilt bewaren. Kiest u **Concept opslaan**, dan wordt de e-mail niet verzonden, maar wel bewaard in de map Concepten (zie later). Zo kunt u later aan de e-mail verder werken en deze eventueel alsnog verzenden.

E-mail lezen

Nadat u een of meer accounts hebt toegevoegd, kunt u e-mails lezen door op het gewenste bericht te klikken. Linksboven ziet u de naam van de actuele account, en linksonder ziet u de naam van de eventuele andere accounts die u hebt toegevoegd; klik hierop om de berichten van die account te zien.

Onder de naam van de actieve account ziet u een mappenstructuur, zoals die ook door Windows zelf wordt gebruikt. Mappen die u binnen mailtoepassingen regelmatig tegenkomt zijn Concepten, Verzonden items, Postvak UIT, Ongewenste e-mail en Verwijderde items. En niet te vergeten Postvak IN natuurlijk, waarin uw binnengekomen e-mail zich bevindt.

■ **Afbeelding 8.15**
De mappen van de e-mailaccount.

Klik op een mapnaam om de inhoud ervan te bekijken. Mail die u ooit hebt verstuurd vindt u bijvoorbeeld terug in de map Verzonden items. Mail die u hebt verwijderd (via het prullenbakje rechtsboven dat verschijnt wanneer u een bericht hebt geselecteerd) wordt naar de map Verwijderde items verplaatst. Helaas biedt de app die bij het ter perse gaan van dit boek beschikbaar was geen mogelijkheid om nieuwe mappen te maken, maar u kunt een bericht wel verplaatsten naar een bestaande map: selecteer het bericht, open de appbalk en klik op **Verplaatsen**. Klik vervolgens op de map waar u het bericht naartoe wilt verplaatsen.

Ongelezen berichten

Ongelezen berichten zijn te herkennen aan de vetgedrukte titel. U kunt gelezen berichten desgewenst als ongelezen markeren door de appbalk te openen en **Markeren als ongelezen** te selecteren.

Hyperlinks in e-mailberichten

Wanneer u zich abonneert op e-mailnieuwsbrieven, zullen deze vaak hyperlinks naar webpagina's bevatten. Klik op zo'n koppeling om de browserapp te openen; de bijbehorende pagina wordt vanzelf geopend. Met Alt+Tab keert u weer terug naar de mailapp.

Beantwoorden en doorsturen

Om een bericht te beantwoorden klikt u linksboven op de knop met het kromme pijltje (**Beantwoorden**). Het menu dat verschijnt biedt de volgende opties:

- **Beantwoorden** Deze optie laat u een antwoord sturen naar de afzender van de mail.

- **Allen beantwoorden** Deze optie laat u een antwoord sturen naar alle geadresseerden (vak **Aan** en **CC**).

- **Doorsturen** Deze optie laat u de mail doorsturen naar een andere contactpersoon.

U kunt nu een antwoord of aanvulling opstellen zoals hiervoor beschreven. Klik op **Verzenden** linksboven om uw antwoord te verzenden of de mail door te sturen.

■ Contacten bijhouden met Personen

In de vorige paragraaf is de app Personen al even genoemd. Personen is meer dan een adresboek – het groepeert uw contacten, maar laat ook zien wat ze online doen. Faceboek-berichten en tweets hebt u zo handig gegroepeerd bij elkaar. En uiteraard kunt u ook personen toevoegen.

Accounts toevoegen

Ook bij Personen is het handig om de accounts op te nemen die u dagelijks gebruikt. Denk aan Facebook, Twitter, Linkedin, Gmail, Hotmail enzovoort. Alleen op die manier hebt u in één app een overzicht van alles wat er rond uw contacten speelt. Hebt u voor E-mail al accounts toegevoegd, dan zijn die ook in Personen beschikbaar. Maar via Personen kunt u ook specifieke socialemedia-accounts toevoegen, zoals Twitter en Facebook. Ga in de app als volgt te werk:

1 Druk op Win+I en klik op **Accounts**, **Een account toevoegen**.

2 Kies de account die u wilt toevoegen; u hebt de keuze uit onder andere Facebook, Twitter, Linkedin en Google.

Microsoft koppelt uw socialemedia-accounts aan uw Microsoft-account, om ook op andere apparaten – zoals uw Windows Phone – toegang tot de gedeelde gegevens te krijgen; in de praktijk is dat bijzonder praktisch (zo worden profielfoto's op bijvoorbeeld Facebook automatisch aan Personen gekoppeld, waardoor uw Windows Phone automatisch in staat is om een afbeelding te tonen van de persoon die u belt – ook al hebt u niet expliciet een profielfoto gekoppeld in het adresboek van uw telefoon). Kies er dus voor om de koppeling te maken en verstrek – indien daarom wordt gevraagd – de aanmeldgegevens van het sociale netwerk (gebruikersnaam, wachtwoord). Zijn de netwerken gekoppeld, dan ziet u wat uw contacten doen via de sectie Updates van vrienden.

Updates van
vrienden
Facebook, Twitter

■ **Afbeelding 8.16**

Diverse accounts zijn gekoppeld.

Personen zoeken

Een belangrijke functie van Personen is die van adresboek. U kunt direct een (deel van) een naam typen om de zoekcharm te openen. Druk op Enter om het overzicht van gevonden personen weer te geven.

Bugje?

Zoek op de `vries` om op de gewenste achternaam te zoeken; `vries` werkt niet als de achternaam als 'de vries' is opgeslagen. Is de achternaam als 'vries de' opgeslagen lukt het zoeken wel.

(←) Zoeken Resultaten voor "de vries" (4)

Edwin de Vries

gert jan de vries

Janneke de Vries

Wouter de Vries

Afbeelding 8.17
Zoekresultaten.

Is de persoon gevonden, klik dan op de naam om een overzicht van contactgegevens en activiteiten weer te geven.

Afbeelding 8.18
Contactgegevens.

Vanuit het scherm met contactinformatie kunt u direct diverse acties ondernemen, mits de persoon middels e-mail of een sociaal netwerk aan u is gekoppeld. Denk bijvoorbeeld aan:

- **Een e-mail verzenden** Selecteer deze optie (en eventueel het e-mailadres) om de app E-mail te starten. Het e-mailadres wordt dan al in het vak **Aan** ingevuld.

- **Bericht verzenden** Selecteer deze optie (en eventueel de berichten-dienst) om de app Berichten te starten (zie later). Hiermee chat u met de contactpersoon, bijvoorbeeld via Messenger of Facebook.

- **Profiel weergeven** Selecteer deze optie om een uitgebreid over-zicht van contactgegevens op te roepen, dat de app heeft samen-gesteld uit de verschillende sociale netwerken en adresboeken.

Let er verder op dat eventuele berichten en foto's die de contactpersoon op de diverse sociale netwerken heeft geplaatst, ook bij het overzicht ver-schijnen – voor zover daar toestemming voor is verleend.

Personen toevoegen

Uiteraard kunt u ook nieuwe contacten aan het adresboek toevoegen. Open de appbalk en klik op **Nieuw** om een nieuw contact toe te voegen.

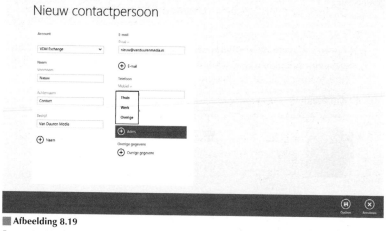

Afbeelding 8.19
Een contact toevoegen.

De gegevens die u moet toevoegen spreken voor zichzelf (naam, adres, e-mail enzovoort), maar vergeet ook niet een account te selecteren waar-aan u de gegevens toevoegt. Immers, door accounts in Personen op te nemen integreert u verschillende adresboeken (bijvoorbeeld Exchange en Hotmail). Als Exchange uw primaire contactendatabase bevat, is het verstandig om nieuwe contacten aan Exchange toe te voegen; komt u dan op kantoor, dan weet u zeker dat ook op uw andere computers – die wellicht nog niet op Windows 8 draaien – de nieuwe gegevens beschikbaar zijn.

 Gegevens bewerken

Hebt u de gegevens van een persoon opgezocht, dan kunt u deze ook bewerken. Open daartoe de appbalk en klik op **Bewerken**. Selecteer eventueel de account, waarna u de opgeslagen gegevens kunt bewerken.

Gegevens koppelen

Microsoft doet zijn best om gegevens zo veel mogelijk automatisch aan elkaar te koppelen, en dat gaat soms heel ver. Maar dat neemt niet weg dat accounts die van dezelfde persoon zijn, niet als zodanig worden herkend. Vandaar dat u accounts ook handmatig kunt koppelen. Dat gaat als volgt:

1 Zoek de persoon waarvan u accounts wilt koppelen.

2 Open de appbalk en klik op **Koppelen**.

De app toont een overzicht van gekoppelde profielen en suggesties.

3 Klik in de kolom Suggesties op een accountnaam om die naar de kolom Gekoppelde profielen te verplaatsen, waardoor u de profielen koppelt. Klik op een accountnaam in de kolom Gekoppelde profielen om de koppeling te verbreken.

4 Klik eventueel op **Een contactpersoon kiezen** als u een andere account zoekt die niet als suggestie wordt weergegeven.

5 Klik op **Opslaan** om de wijzigingen definitief te maken, of op Annuleren om de wijzigingen niet door te voeren.

Afbeelding 8.20
Gegevens koppelen.

Nog meer acties

Open de appbalk wanneer u de contactgegevens van een persoon zichtbaar hebt en klik op **Favoriet** om de persoon als favoriet te markeren; hiermee wordt de persoon in een aparte categorie 'Favorieten' op de startpagina van de app geplaatst. Klik op **Verwijderen** om de contactinformatie te verwijderen. Klik op **Vastmaken aan Start** om een tegel op het startscherm te plaatsen. Klikken op de tegel opent de app Personen, met de informatie van die persoon meteen geselecteerd.

Zien wat uw contacten doen

Via de knop **Updates van vrienden** – te vinden in het startscherm van Personen – krijgt u snel een overzicht van statusupdates van de personen die u volgt of waar u mee bevriend bent. Veel gebruikte acties – zoals retweeten, beantwoorden, leuk vinden, opmerking maken enzovoort – kunt u direct vanuit de app doen, via de overeenkomstige opties onder de berichten.

Afbeelding 8.21

Direct reageren op berichten van uw contacten; Personen maakt het mogelijk. Gekleurde tekst is klikbaar en opent de achterliggende informatiebron.

Filteren

Open de appbalk en kies **Filter** om eventueel berichten uit één specifiek sociaal netwerk te tonen.

Uw eigen activiteiten

Onder het kopje **Sociaal** (op de startpagina van Personen) hebt u snel toegang tot uw eigen informatie:

- Klik op **Mijzelf** om uw status bij te werken, uw laatste tweets te zien, Twitter-mentions te bekijken en foto's te zien.

- Klik op **Bekijken** om een uitgebreid overzicht van meldingen op de diverse sociale netwerken te zien, zoals 'Vind ik leuks' op Facebook en mentions op Twitter.

Afbeelding 8.22
Zie in één oogopslag wat er speelt.

Chatten via Berichten

De app Berichten biedt u de mogelijkheid om via Messenger en Facebook te chatten met uw contacten of vrienden. Ook hier geldt weer dat het nodig kan zijn om accounts in te stellen, via de charm Instellingen, Accounts.

Berichten verzenden

Om een bericht (of IM, *instant message*) naar een persoon te sturen, moet die bij voorkeur online zijn. Klik linksboven in de app op de plus om een persoon te selecteren. Via de optie **Alleen online** kunt u het overzicht met contactpersonen terugbrengen tot een lijst met personen die momenteel online zijn. U kunt overigens een bericht sturen naar iemand die niet online is, en dat zal dan later worden afgeleverd.

Afbeelding 8.23
De app Berichten.

Hebt u een persoon geselecteerd, dan kunt u in het chatvenster onderin een boodschap typen. Klik eventueel op de *smiley* ernaast om een emoticon in te voeren. Druk op Enter om het bericht daadwerkelijk te versturen. Als uw contact heeft gereageerd, kunt u weer antwoorden. Uiteindelijk vindt er zo een hele conversatie plaats.

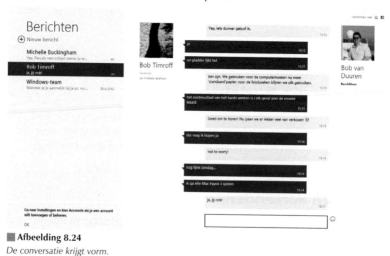

Afbeelding 8.24
De conversatie krijgt vorm.

Opties

De app Berichten kent een overzichtelijk aantal opties, die te vinden zijn
in de appbalk:

▥ **Status**   Bepaal hier uw eigen status: beschikbaar of onzichtbaar.

▥ **Uitnodigen**   Klik op deze knop en kies **Een nieuwe vriend toevoegen** om een Messenger-contact uit te nodigen om via Berichten te
communiceren. Allen Messenger-contacten en Facebook-vrienden
kunt u via Berichten benaderen.

▥ **Verwijderen**   Indien u links in de lijst een chatsessie hebt geselecteerd, kunt u de inhoud ervan verwijderen door op **Verwijderen** te
klikken.

▥ Uw agenda bijhouden

De app Agenda is een handig hulpmiddel om uw afspraken bij te houden. Ook deze app maakt weer gebruik van uw bestaande accounts,
zoals Hotmail, Gmail of Exchange. U voegt ze op de inmiddels bekende
wijze toe.

Agenda weergeven

Uw agenda kan op verschillende manieren worden weergegeven. Open
de appbalk en kies een van de volgende weergaven:

▥ Dag

▥ Week

▥ Maand

▥ **Afbeelding 8.25**
De app Agenda.

Klik in de appbalk op **Vandaag** om naar de huidige datum te navigeren.

Bevat uw agenda al afspraken, klik er dan op om de afspraak zichtbaar te maken. U kunt er wijzigingen in aanbrengen, of u kunt de afspraak verwijderen. Klik op het kruisje rechtsboven om naar het agendaoverzicht terug te keren.

Afspraak toevoegen

Om een afspraak toe te voegen klikt u op een tijdvak van de gewenste dag. Het scherm Details verschijnt. Hier kunt u algemene gegevens van de afspraak invoeren, zoals de begintijd, de duur, de locatie en de titel. Eventueel kunt u ook notities toevoegen.

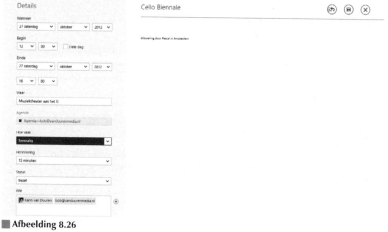

▓ **Afbeelding 8.26**
Een afspraak in de agenda.

Kies ook de agenda waarin de afspraak moet worden opgeslagen. Dit is noodzakelijk als u over meerdere agenda's beschikt, bijvoorbeeld omdat u meerdere accounts hebt toegevoegd. Maar ook als uw Exchange-server meerdere agenda's bevat, zijn die hier zichtbaar.

Via de optie **Meer weergaven** onder de agendalijst hebt u nog aanvullende mogelijkheden tot uw beschikking. Zo kunt u bijvoorbeeld een afspraak laten herhalen (verjaardagen!), u kunt een herinnering toevoegen en u kunt personen uitnodigen. De beschikbare opties zijn afhankelijk van de accounts die u hebt toegevoegd.

Klik tot slot op **Dit evenement bewaren** (rechtsboven) om de afspraak op te slaan.

Documenten in de cloud met SkyDrive

Tot slot van dit hoofdstuk wijzen wij u nog op de app SkyDrive, waarmee u bestanden in de cloud beheert. Bestanden die u in de cloud opslaat, kunt u overal benaderen en delen met bekenden (en onbekenden, overigens).

Afbeelding 8.27
Opslag in de cloud.

Om documenten op uw SkyDrive op te slaan, klikt u eerst op de map waarin u de bestanden wilt opslaan en vervolgens opent u de appbalk en kiest u **Uploaden**. Zoals u ziet in de appbalk, kunt u desgewenst eerst ook nieuwe mappen aanmaken. Om een bestand te uploaden bladert u via de mappenstructuur op uw lokale pc naar het gewenste bestand. Klik op een of meer bestanden om ze te selecteren. Bent u klaar, klik dan op **Aan SkyDrive toevoegen** om het uploadproces te starten (dit kan even duren).

Afbeelding 8.28
Bestanden toegevoegd aan SkyDrive.

Wilt u de bestanden die op een SkyDrive-loactie staan gebruiken, blader in de SkyDrive-app dan naar de gewenste map en klik op het bestand om het te openen. Of selecteer het bestand en kies in de appbalk de

opdracht **Openen met**, zodat u een aangepast programma kunt selecteren om het bestand te bekijken of te bewerken.

■ **Afbeelding 8.29**
Een bestand openen met een ander programma.

Let er overigens op dat de appbalk ook opdrachten biedt voor downloaden en verwijderen. Als u een bestand downloadt, wordt u in de gelegenheid gesteld om op uw lokale computer een map te selecteren waarin
u het gedownloade bestand wilt opslaan.

Documenten delen

Uw SkyDrive bevat ook een map Openbaar. Bestanden die u hierin
plaatst zijn ook toegankelijk voor personen die uw SkyDrive-wachtwoord
niet kennen. Dat is handig als u (grote) bestanden wilt delen die u niet
per e-mail kunt versturen. Om een bestand in de map Openbaar te
delen, volstaat het om het in die map te plaatsen. Wilt u iemand op de
hoogte brengen van de locatie van deze map, selecteer hem dan en kies
in de charmbalk de opdracht **Delen** (of druk op Win+H). Selecteer een
contact, waarna automatisch een e-mail wordt voorbereid met een
webkoppeling naar de map.

U kunt ook bestanden delen die niet in de map Openbaar staan – daarmee zijn ze in beginsel alleen voor personen toegankelijk die u expliciet
toestemming verleent. Dat werkt als volgt:

1 Selecteer het bestand naar keuze en open de charm Delen (Win+H).

2 Selecteer de persoon met wie u het bestand wilt delen en verzend de
e-mail.

Het adres naar de openbare map delen.

Dat is alles! U ziet in de app aan de tekst **Gedeeld** onder de bestands-
naam dat het document is gedeeld. Helaas is er verder niet veel meer aan
te zien – u ziet bijvoorbeeld niet met wie het bestand is gedeeld. Maar
ook daar is achter te komen, zij het dat dit buiten de app om gaat:

1 Open de charm Instellingen (Win+I) en klik op **Opties**.

2 Klik op **Opslag beheren**.

De online beheeromgeving van SkyDrive wordt nu geopend (in de Internet Explorer-app). U kunt daar desgewenst de opslagruimte – tegen betaling – bijkopen, maar dat is pas nodig als u de 7 GB gratis ruimte hebt
volgemaakt.

Om de status van uw SkyDrive-bestanden te zien, klikt u linksboven in de
titelbalk op **SkyDrive**.

*Daar staan uw bestanden. Klik eventueel op het pictogram Voorbeeldvenster (rechtsboven) om het
voorbeeldvenster rechts te openen.*

U ziet nu een overzicht van uw SkyDrive-mappen en -bestanden. Klik rechtsboven onder uw naam eventueel op het pictogram **Details** om de detailweergave in te schakelen (zoals in de afbeelding). Openbare en gedeelde items worden als zodanig gemarkeerd. Klik op een item en kies in het voorbeeldpaneel rechts de opdracht **Delen** om de deelfuncties aan te passen; als u aansluitend **Link maken** selecteert, kunt u (gedeelde) items bijvoorbeeld alsnog openbaar maken.

Wilt u dat een document niet langer wordt gedeeld, klik in het voor-beeldvenster rechts dan op het kruisje naast de deelinformatie om het delen te stoppen.

Hoofdstuk 9

Beveiliging en updates

Als u de voorgaande hoofdstukken hebt gelezen weet u dat Windows 8 beveiliging serieus neemt. In dit hoofdstuk kijken we naar enkele voorzieningen, zoals de firewall en het programma tegen spyware, Windows Defender. Is uw computer permanent met internet verbonden, dan is het een goede zaak om Windows 8 up-to-date te laten houden. Dat komt eveneens aan de orde in dit hoofdstuk, in de paragraaf Automatische updates. En uiteraard leert u meer over de nieuwe back-upvoorziening, Bestandsgeschiedenis geheten.

Het Onderhoudscentrum

De belangrijkste instellingen met betrekking tot beveiliging heeft Microsoft samengebundeld in het Onderhoudscentrum. U opent het Onderhoudscentrum vanuit het Configuratiescherm, of met de knop in het systeemvak.

Afbeelding 9.1
Snelle toegang tot het Onderhoudscentrum.

Het Onderhoudscentrum laat u snel en eenvoudig de volgende instellingen maken:

■ **Beveiliging** In de sectie Beveiliging worden berichten weergegeven over de volgende onderdelen:

   ■ **Netwerkfirewall** De firewall beschermt uw computer tegen ongewenst internet- en netwerkverkeer. Windows Firewall kan zowel inkomend als uitgaand verkeer blokkeren.

   ■ **Windows update** Automatische updates garanderen dat uw computer over de laatste versie van de software beschikt en dat eventuele (beveiligings)problemen automatisch worden verholpen. Voor deze voorziening is een (permanente) internetverbinding vereist.

   ■ **Virusbeveiliging** Uw computer kan tegen virussen worden beschermd. Windows Defender is het standaard meegeleverde antivirusprogramma.

   ■ **Beveiliging tegen spyware en ongewenste software** Uw computer kan tegen spyware worden beschermd. Windows Defender is het standaard meegeleverde antispywareprogramma.

   ■ **Andere beveiligingsinstellingen** Tot de andere beveiligingsinstellingen horen instellingen voor Internet Explorer en voor Gebruikersaccountbeheer (zie hoofdstuk 7).

■ **Afbeelding 9.2**

Het Onderhoudscentrum geeft waarschuwingen. Klik op de naar beneden wijzende pijltjes om een sectie uit te vouwen.

Gele balken in het Onderhoudscentrum geven waarschuwingen van niet-gecontroleerde beveiligingsopties aan en rode balken betekenen dat een beveiligingsoptie niet (goed) is ingeschakeld. In het optimale geval worden alle opties zonder rode of gele balk weergegeven.

■ **Onderhoud** In de sectie Onderhoud worden berichten weergegeven over de volgende onderdelen:

> ■ **Oplossingen zoeken** Deze optie zorgt ervoor dat gemelde problemen – voor zover mogelijk – automatisch door Windows worden opgelost.

> ■ **Automatisch onderhoud** Deze optie zorgt ervoor dat het systeem actief wordt gecontroleerd op onderhoudsproblemen.

> ■ **Status van station** U leest hier of er (verwachte) problemen met een of meer schijfstations zijn.

U kunt de berichten met betrekking tot bovengenoemde opties naar wens in- of uitschakelen. U doet dat door links in de lijst met taken op **Instellingen voor Onderhoudscentrum wijzigen** te klikken.

■ **Afbeelding 9.3**
Instellingen voor berichten wijzigen.

Enkele belangrijke onderdelen van het Onderhoudscentrum worden nu nader toegelicht.

Firewall

Een firewall ('brandmuur') is een programma of een kastje (of een computer) dat netwerkverkeer (daaronder valt ook internetverkeer) controleert en indien nodig tegenhoudt. Firewalls kunnen op die manier ongewenst inkomend verkeer tegenhouden, maar ook ongewenst uitgaand verkeer. De firewall in Windows 8 is uiteraard softwarematig en kan een redelijke bescherming tegen Trojaanse paarden (vervelende stukjes software die als een spelletje of een leuke afbeelding zijn 'verkleed') en virussen (programma's die rotzooi op u computer trappen) bieden. Bent u overigens via een router met internet verbonden, dan is die vaak ook van een firewall voorzien; die twee hoeven elkaar echter niet te bijten.

Doorgaans is het verstandig om Windows Firewall ingeschakeld te laten. Wilt u een ander firewallprogramma gebruiken (zoals ZoneAlarm), dan is het wél verstandig om Windows Firewall uit te schakelen; twee softwarematige firewalls verdragen elkaar namelijk over het algemeen niet zo goed.

Om de instellingen van de firewall te wijzigen gaat u als volgt te werk:

1 Klik links in het Onderhoudscentrum op de taak **Configuratiescherm** en klik vervolgens op **Systeem en beveiliging**, **Windows Firewall**.

Het venster Windows Firewall verschijnt.

2 Klik links in de lijst taken op Windows Firewall in- of uitschakelen om de firewall in of uit te schakelen.

■ **Afbeelding 9.4**
Windows Firewall is ingeschakeld.

Indien u de firewall inschakelt kunt u eventueel de extra veilige optie **Alle binnenkomende verbindingen blokkeren** inschakelen. Gebruik deze optie bijvoorbeeld wanneer u uw computer (draadloos) aan een openbaar netwerk koppelt. Doorgaans hoeft deze optie niet ingeschakeld te zijn.

Uitzonderingen

Over het algemeen is er ook netwerkverkeer dat u niet wilt tegenhouden; zeker wanneer uw computer in een thuisnetwerk is opgenomen. Vandaar dat u Windows Firewall bepaald netwerkverkeer kunt laten toestaan. Werkt een programma niet (bijvoorbeeld een chatprogramma of een internetspel), klik dan op de taak **Een app of onderdeel toegang geven via Windows Firewall** en schakel de vakjes in bij het verkeer dat u wel wilt toestaan.

Bestands- en printerdeling bijvoorbeeld is over het algemeen nodig in een thuisnetwerk en Microsoft Office Outlook is nodig wanneer u via uw thuiscomputer met de Exchange-server van uw werk verbindt.

▓ **Afbeelding 9.5**
Uitzonderingen toestaan.

 Het kan nog specifieker

Hebt u verstand van protocollen en poorten dan kunt u ook handmatig instellen wat wel en niet mag worden doorgelaten. Klik op de taak **Geavanceerde instellingen** om een uitgebreid programma te starten waarmee u Windows Firewall geheel naar uw eigen hand kunt zetten. Blijf hier af als u niet heel precies weet waar u mee bezig bent!

■ **Automatische updates**

Alhoewel Windows 8 weer beter beveiligd is dan zijn voorgangers, zullen ongetwijfeld nog veiligheidslekken worden ontdekt. En uiteraard zullen er na het verschijnen van Windows 8 ook andere onvolkomenheden worden ontdekt en komt Microsoft met bijgewerkte en verbeterde stuurprogramma's. Om ervoor te zorgen dat uw computer automatisch is bijgewerkt met de laatste stuurprogramma's, patches (reparatiebestanden) en malwaredefinities (lijsten van 'foute' programma's), kunt u de voorziening Automatische updates inschakelen. Hiervoor dient uw computer met internet verbonden te zijn. Wanneer nieuwe versies van bestanden en programma's beschikbaar zijn, zullen deze automatisch naar uw computer worden gedownload.

Om de automatische updates te configureren gaat u als volgt te werk:

1 Klik linksonder in het Onderhoudscentrum op de taak **Windows Update**.

Het venster Windows Update verschijnt.

■ **Afbeelding 9.6**
Windows Update.

2 Windows 8 geeft aan of er updates beschikbaar zijn. Over het algemeen vallen de updates in verschillende categorieën: belangrijke of essentiële updates dient u in feite altijd te installeren. Optionele updates zijn minder belangrijk, maar het loont de moeite om te kijken wat er wordt aangeboden door op de tekst **Optionele updates zijn beschikbaar** te klikken.

Lijst vernieuwen

Is uw computer een tijdje uit of offline geweest, klik dan links in de takenlijst op **Naar updates zoeken**; de lijst met updates wordt dan vernieuwd.

Instellingen

U kunt zelf bepalen hoe Windows Update met uw computer omgaat. Klik daartoe in de takenlijst van het venster Windows Update op de optie **Instellingen wijzigen**.

Het wordt ten zeerste aanbevolen om de optie **Updates automatisch installeren** in te schakelen. U kunt dan aangeven hoe vaak en op welke tijd updates worden gedownload en geïnstalleerd (mits er updates beschikbaar zijn natuurlijk).

■ **Afbeelding 9.7**
Instellingen voor automatische updates.

 Opnieuw starten

Sommige updates vereisen dat de computer opnieuw wordt gestart. Wanneer u zich na installatie aanmeldt, zal Windows 8 dat melden en u vragen de computer te herstarten. Doe dit altijd.

Wilt u overigens weten welke updates op uw systeem zijn geïnstalleerd, klik dan op de taak **Geschiedenis van updates weergeven**.

Beveiliging tegen ongewenste software

Tot de belangrijkste ongewenste software behoren virussen en spyware. Om uw computer hiertegen te beschermen kunt u Windows Defender gebruiken, dat een standaardonderdeel van Windows 8 is. Windows Defender is overigens standaard ingeschakeld.

Windows Defender

Windows Defender is een programma dat actief uw computer in de gaten houdt, maar ook kan worden gebruikt om op een gewenst moment naar spyware op uw computer te zoeken. U start Windows Defender door in het Onderhoudscentrum of in het startscherm de letters def in het zoekvak te typen. Klik vervolgens op de koppeling Windows Defender die verschijnt.

■ **Afbeelding 9.8**
Windows Defender is aan het werk.

Wilt u uw computer volledig scannen, selecteer dan de optie **Volledige scan** en klik op **Scan uitvoeren**. Dit duurt wel even, maar u weet meteen waar u aan toe bent. U kunt het scannen overigens altijd onderbreken door op **Scannen annuleren** te klikken.

Instellingen van Windows Defender

Ook Windows Defender wordt automatisch uitgevoerd. Wilt u deze – en andere – instellingen wijzigen, klik in het hoofdvenster van Windows Defender dan op een van de tabs.

De belangrijkste onderdelen en instellingen zijn:

- **Bijwerken** Hier kunt u de laatst bekende antivirusdefinities handmatig ophalen.

- **Geschiedenis** Als Windows Defender schadelijke programma's vindt worden ze in quarantaine geplaatst zodat ze niet meer functioneren. U kunt de programma's hier voorgoed verwijderen, of desgewenst herstellen.

- **Instellingen** Hier kunt u verschillende onderdelen van Windows Defender in- en uitschakelen, zoals real-timebeveiliging. Ook kunt u bepaalde zaken (mappen, bestanden, processen) van controle uitsluiten, zodat een scan sneller wordt uitgevoerd.

Back-ups maken

Back-ups (of reservekopieën) zijn van belang naarmate u uw computer voor meer belangrijke zaken gebruikt. Door regelmatig een back-up te maken verzekert u zich ervan dat wanneer de vaste schijf van uw computer de geest geeft, uw brieven, administratie, foto's van de familie of muziekverzameling niet in rook opgaan. Zoals een gezegde uit de laattwintigste eeuw stelt: wie geen back-ups maakt, wil zijn werk weggooien!

Gebruik een externe vaste schijf

Externe USB-schijven kosten bijna niets meer. Voor circa 100 euro beschikt u over een externe schijf van meer dan een terabyte. U sluit zo'n schijf eenvoudig aan op de USB-poort van uw computer.

Bestandsgeschiedenis

Het oude Windows Back-up is in Windows 8 vervangen door de nieuwe functie Bestandsgeschiedenis. Het is nog wel mogelijk om oudere back-ups (van vóór Windows 8) terug te zetten, maar wilt u in Windows 8 back-ups maken, dan gebruikt u Bestandsgeschiedenis.

Back-up maken

Om een back-up te maken gaat u als volgt te werk:

1 Klik in het Onderhoudscentrum op de knop **Bestandsgeschiedenis** (links onderin).

Bestandsgeschiedenis wordt gestart. Is er geen extern station aangesloten, dan wordt u geadviseerd om dat alsnog te doen. Desgewenst kunt u ook een netwerklocatie gebruiken, mits beschikbaar.

Afbeelding 9.9

Bestandsgeschiedenis. Let op de taak Windows 7 Bestandsherstel, waarmee u 'oude' back-ups kunt terugplaatsen.

2 U ziet in het venster wat er gekopieerd gaat worden. Klik op **Inschakelen** om Bestandsgeschiedenis in te schakelen.

Dat is alles – er wordt nu direct een back-up gemaakt. Wilt u dat bepaalde zaken niet in de back-up worden opgenomen, dan kunt u het proces altijd stoppen en links bij de taken op **Mappen uitsluiten** klikken.

Afbeelding 9.10

De bibliotheek Muziek is uitgesloten.

Nadat u mappen hebt uitgesloten zal het back-upproces direct worden hervat.

Instellingen voor back-ups

Windows 8 laat u diverse instellingen maken, zoals de frequentie waarmee back-ups worden gemaakt. Ook kunt u later de back-uplocatie nog
aanpassen.

Om de frequentie waarmee back-ups worden gemaakt te wijzigen gaat u
als volgt te werk:

1 Klik in het venster Bestandsgeschiedenis op de taak **Geavanceerde
instellingen**.

■ **Afbeelding 9.11**
Geavanceerde instellingen voor back-ups.

2 Selecteer in de lijst **Kopieën van bestanden opslaan** het tijdsinterval
dat Windows voor het maken van back-ups aanhoudt (u ziet: Microsoft
heeft het maken van back-ups ditmaal zeer serieus aangepakt; de laagste frequentie is dagelijks, de hoogste frequentie is elke 10 minuten!).

3 Selecteer in de lijst **Grootte van offlinecache** de ruimte op uw vaste
schijf die wordt gereserveerd om back-ups tijdelijk te bewaren.

4 Selecteer in de lijst **Opgeslagen versies bewaren** hoe lang versies van
bestanden worden bewaard (voor zover mogelijk).

Meerdere versies

Bestandsgeschiedenis bewaart originele versies van uw bestanden zo lang mogelijk. Met andere woorden: als u tussen het maken van twee back-ups een bepaald bestand hebt gewijzigd, dan vindt u – na een nieuwe back-upronde – in de geschiedenis meerdere versies van het bestand terug. Deze zijn voorzien van een versiedatum, dus bij het terugzetten van back-ups kunt u dan bepalen welke versie u wilt terugzetten.

Afbeelding 9.12

Als u de back-uplocatie inspecteert, vindt u meerdere versies van in de loop der tijd gewijzigde bestanden terug.

Back-up terugzetten

Uiteraard maakt u back-ups in de hoop ze nooit nodig te hebben. Maar een ongeluk zit in een klein hoekje, dus vandaar dat we in dit hoofdstuk ook aandacht besteden aan het terugzetten van een back-up. Vanuit het venster Bestandsgeschiedenis gaat dat als volgt:

1 Klik op de taak **Persoonlijke bestanden terugzetten**.

Het venster Startpagina – Bestandsgeschiedenis verschijnt.

■ **Afbeelding 9.13**
Overzicht van uw back-ups.

2 Klik op de knopen **Vorige versie** of **Volgende versie** om door de
diverse back-upversies te bladeren. Klik op de grote groene knop
Terugzetten naar oorspronkelijke locatie om een complete back-up
terug te zetten.

Indien de doellocatie nog bestanden bevat, dan geeft Windows een
melding waarin u kunt aangeven wat u wilt doen. De keuzen zijn:

■ De bestanden in de doelmap vervangen.

■ Deze bestanden overslaan.

■ Ik wil zelf beslissen voor elk bestand / Info voor beide bestanden
vergelijken.

Kiest u de derde optie, dan krijgt u een overzicht van bestanden waarvan de gewijzigde kenmerken vet worden weergegeven, zodat u kunt
bepalen wat u wilt doen. U kunt overigens meerdere versies van hetzelfde bestand behouden – Windows voegt dan volgnummers aan de
bestandsnamen toe.

Individuele bestanden terugzetten

U hoeft overigens geen complete back-up terug te zetten; het is ook mogelijk om individuele bestanden terug te zetten. Dat is handig wanneer een enkel bestand is beschadigd, overschreven of per ongeluk gewist. Dubbelklik daarvoor – in de startpagina van Bestandsgeschiedenis – op de map of bibliotheek waarin het bestand zich bevindt en ga op zoek. Hebt u het bestand gevonden, selecteer het dan en klik op de knop **Terugzetten naar oorspronkelijke locatie**. Deze techniek is ook handig om een oudere versie van een bestand in te zien. Is het bestand op de doellocatie namelijk nog gewoon beschikbaar, schakel dan beide selectievakjes in het venster Bestandsconflict in als u zowel de oude als nieuwe versie wilt bewaren, bijvoorbeeld voor een vergelijking in Word.

Afbeelding 9.14

Schakel de selectievakjes in om een oude versie van een bestand naast de bestaande versie terug te zetten.

Afbeelding 9.15

De twee versies zijn nu beschikbaar.

Hoofdstuk **10**

Multimedia-toepassingen

Windows 8 wordt geleverd met verschillende toepassingen voor multimedia. Met Windows Media Player kunt u onder andere cd's, muziekbestanden, videobestanden en – wanneer u over een aparte plug-in beschikt – dvd's afspelen. En uiteraard zijn er diverse apps, zoals Muziek, Video en Foto's.

Windows Media Player

Windows Media Player is het centrale programma waarmee u media-bestanden kunt afspelen. Windows 8 wordt geleverd met versie 12 van deze software; het is onder andere geschikt voor de volgende taken:

- audio-cd's beluisteren en naar de computer kopiëren
- dvd's bekijken en naar de computer kopiëren
- verzamel-cd's branden

In deze paragraaf concentreren we ons op de volgende belangrijke taken:

- cd's beluisteren
- audio-cd's 'rippen' (naar de computer kopiëren)
- afspeellijsten maken en verzamel-cd's branden

De eerste keer

De eerste keer dat u Windows Media Player start, zal het programma geconfigureerd moeten worden. Windows Media Player start doorgaans wanneer u op een muziekbestand dubbelklikt of wanneer u daarvoor kiest in het venster Automatisch afspelen, nadat u bijvoorbeeld een audio-cd in het cd-romstation hebt geplaatst.

Afbeelding 10.1

Kies hier wat er moet gebeuren als u – bijvoorbeeld – een audio-cd plaatst.

Uiteraard kunt u Windows Media Player (WMP) ook starten via het start-scherm: typ de letters med en klik op **Windows Media Player**.

Afbeelding 10.2

De eerste keer moet u enkele configuratieopties instellen. De aanbevolen instellingen kunt u pro-bleemloos accepteren.

De eerste keer moet u enkele configuratieopties instellen. Maak het uzelf makkelijk en klik op **Aanbevolen instellingen**; u kunt de instellingen later altijd wijzigen. WMP gaat verder en begint met het afspelen van de geplaatste cd.

Afbeelding 10.3

WMP speelt uw cd; dit is de compacte weergave. Klik op het pictogram Schakelen naar bibliotheek om de bibliotheekweergave te activeren.

Zorg voor een internetverbinding

WMP biedt enorm veel meerwaarde als uw computer met internet is verbonden; op basis van de geplaatste cd kan WMP via internet uitvinden om welke cd het gaat en welke nummers erop staan. Hiertoe dient de cd wel in de internetdatabase voor te komen, maar dat is van zeer veel cd's het geval.

Cd's afspelen en kopiëren

In de paragraaf hiervoor hebt u gelezen hoe eenvoudig het is om met WMP een audio-cd af te spelen. De compacte modus biedt slechts basisfunctionaliteit, dus schakel desgewenst over naar de bibliotheekmodus voor meer mogelijkheden door op het pictogram **Schakelen naar bibliotheek** te klikken; u ziet deze uitgebreide modus in afbeelding 10.4.

■ **Afbeelding 10.4**
WMP in de bibliotheekmodus.

 Terug naar de compacte modus?

Klik dan geheel rechtsonder in het venster op het pictogram **Naar Nu afspelen schakelen**.

Onder in het venster verschijnen de besturingsknoppen waarmee u het afspelen beïnvloedt:

Van links naar rechts ziet u de volgende knoppen:

- ■ Willekeurige volgorde inschakelen

- ■ Herhalen inschakelen

■ **Afbeelding 10.5**
De besturing van WMP.

■ Stoppen

■ Vorige

■ Onderbreken/Afspelen

■ Volgende

■ Dempen

■ Volume

De bediening komt overeen met die van de gemiddelde cd-speler.

 Album en inhoud

U ziet een afbeelding van de albumhoes, de naam van de artiest en de inhoud van de cd. Deze heeft WMP van internet opgehaald. Dubbel-klik op een titel om dat nummer direct af te spelen.

Wilt u de inhoud van de cd (of een deel daarvan) naar de computer kopiëren, dan gaat u als volgt te werk:

1 Schakel de selectievakjes van de nummers uit die u niet wilt kopiëren.

2 Klik boven in de opdrachtbalk op de knop **Cd rippen**.

De cd-rom wordt geript, wat inhoudt dat de muziekbestanden in de map Mijn muziek worden geplaatst. U kunt het rippen annuleren door op **Rippen stoppen** te klikken.

■ **Afbeelding 10.6**
De cd wordt geript.

Automatisch afspelen verschijnt niet

Verschijnt het venster Automatisch afspelen niet nadat u een cd hebt geplaatst, open dan de map Verkenner, vouw de structuur uit bij Computer en klik met de rechtermuisknop op het cd- of dvd-station. Er verschijnt nu een menu met diverse opties, waaronder **Afspelen**.

Instellingen voor kopiëren

Standaard wordt de cd naar de standaardmap in de bibliotheek Muziek gekopieerd (Mijn muziek), naar de map met de naam van de artiest (in het voorbeeld Dire Straits). De individuele nummers worden in een sub-map geplaatst die de naam van het album krijgt. In het voorbeeld komt Calling Elvis dus te staan in de Bibliotheken ▸ Muziek ▸ Dire Straits ▸ On Every Street. Wilt u deze locatie wijzigen ga dan als volgt te werk:

1 Klik op de knop **Ripinstellingen** in de opdrachtbalk.

2 Klik op **Meer opties**.

3 Klik op het tabblad Muziek rippen op de knop **Wijzigen** om de opslag-locatie voor muziek te wijzigen. Klik desgewenst op de knop **Bestands-naam** om de opbouw van de naam van het muziekbestand aan te passen.

■ **Afbeelding 10.7**

Opslaglocatie wijzigen. Als u de opslaglocatie wijzigt in de map Openbare muziek, kunnen alle gebruikers van de computer de muziek beluisteren.

Een andere aanname die WMP maakt is dat u bestanden wilt opslaan in wma-indeling. Dat is voor veel toepassingen een uitstekende keuze, maar bepaalde programma's, mp3-spelers en pda's kunnen hier niet altijd mee overweg en hebben meer aan de mp3-indeling. U kunt dus opgeven waar uw voorkeur naar uitgaat. Ga als volgt te werk:

1 Klik op de knop **Ripinstellingen** in de opdrachtbalk.

2 Selecteer **Bestandsindeling** gevolgd door een andere indeling, bijvoorbeeld **MP3**. Een ander goed alternatief is **Windows Media Audio (variabele bitrate)**, maar dat wordt niet door alle externe spelers (draagbare apparaten) ondersteund.

3 Selecteer **Audiokwaliteit** gevolgd door een andere *bemonsteringsfrequentie*. De kwaliteit is een compromis tussen bestandsgrootte en kwaliteit: hoe kleiner het bestand, des te slechter de kwaliteit. Ript u uw cd's alleen om ze op de computer af te kunnen spelen, dan kunt u de beste kwaliteit kiezen. Wilt u zo veel mogelijk nummers op uw mp3-speler of iPod kwijt, dan kunt u **96 kbps** of **64 kbps** selecteren.

Dvd's afspelen

Met Windows Media Player kunt u ook naar uw favoriete dvd's kijken. Daar is echter wel een aparte plug-in voor nodig, die tijdens het schrijven van dit boek nog niet beschikbaar was. De procedure zou echter eenvoudig moeten zijn:

1 Plaats de dvd in het dvd-station.

2 Klik in het venster Automatisch afspelen op **Dvd-film afspelen met Windows Media Player**.

Mocht het venster Automatisch afspelen niet verschijnen, dan start u WMP en klikt u op **Nu afspelen** totdat het menu verschijnt; klik vervolgens op de titel van de dvd om deze af te spelen.

De bediening komt overeen met die van een audio-cd. Links naast de bedieningsknoppen bevindt zich echter een extra knop **DVD**, die u kunt gebruiken om speciale dvd-functies te activeren. Tot de opties behoren:

▓ **Hoofdmenu** Keert terug naar het hoofdmenu van de dvd.

▓ **Speciale functies** Hier kiest u het geluidsspoor, de ondertiteling en de camerahoek (optioneel en dvd-afhankelijk).

▓ **Videoformaat instellen** Hiermee bepaalt u hoe groot het getoonde videobeeld is.

▓ **Volledig scherm** Hiermee geeft u de dvd weer zonder dat er andere onderdelen van Windows 8 zichtbaar zijn (zelfs de aanwijzer verdwijnt). Druk op Esc om terug te keren. De toetsencombinatie Alt+Enter wisselt eveneens tussen venster en volledig scherm.

Rechtermuisknop

In de modus Volledig scherm kunt u met de rechtermuisknop klikken om een snelmenu te activeren van waaruit u de dvd kunt bedienen. Klik bijvoorbeeld op **Teksten, bijschriften en ondertitels** om de ondertiteling te kiezen.

Werken met de mediabibliotheek

Via de mediabibliotheek hebt u toegang tot uw mediabestanden. Daarbij kunt u bestanden op verschillende manieren indelen en terugvinden; zo kunt u mediabestanden bijvoorbeeld classificeren en er een genre aan toekennen. U maakt de mediabibliotheek zichtbaar door boven in het venster op **Mediabibliotheek** te klikken.

Links ziet u weer een selectiestructuur die vergelijkbaar is met die van Windows Verkenner. Klik bijvoorbeeld op **Album** (onder **Muziek**) om een overzicht van albums te krijgen. U kunt een album vervolgens snel een waardering toekennen door met de rechtermuisknop op een album te klikken en **Alles waarderen** gevolgd door een aantal sterren te kiezen.

■ **Afbeelding 10.8**
Mediabibliotheek.

Nummers waarderen

Uiteraard kunt u ook individuele nummers waarderen: dubbelklik op een album om de details te tonen en klik in de kolom Waardering op het gewenste aantal sterren.

De weergave van de mediabibliotheek kunt u naar wens instellen: klik op de knop **Opties weergeven** links naast het zoekvak en selecteer een van de volgende opties:

- **Pictogram** U krijgt alleen de albumhoes te zien.

- **Naast elkaar** De albumhoes wordt getoond, met daarnaast de titel, de artiest, het jaartal en de classificatie.

- **Details** Er wordt geen albumhoes weergegeven, maar in plaats daarvan krijgt u uitgebreidere details te zien.

- **Uitgebreide tegel** De albumhoes wordt getoond, met daarnaast de titel, de artiest, het genre, het jaartal en de nummers. Dubbelklik op een nummer om het direct af te spelen en klik op een van de overige gegevens om een nieuwe selectie te maken op basis van die gegevens. Gebruik de navigatiepijlen **Vorige** en **Volgende** (linksboven) om heen en weer te bladeren.

Let erop dat niet alle weergaven altijd beschikbaar zijn.

Cd's branden

U kunt met WMP zelf verzamel-cd's maken. Daarvoor gaat u als volgt te werk:

1 Klik rechtsboven in het venster van WMP op de tab **Branden**.

Er verschijnt een lege lijst waarin u nummers kunt slepen die u op de cd wilt branden.

2 Sleep de gewenste nummers naar het venster **Lijst voor branden**, rechts in het scherm. Klik op **Lijst wissen** om de lijst te wissen en klik met de rechtermuisknop op een nummer in de lijst voor aanvullende opties, zoals:

- **Uit lijst verwijderen** Wist het nummer uit de lijst.

- **Omhoog** Verplaatst het nummer naar voren in de lijst.

- **Omlaag** Verplaatst het nummer naar achteren in de lijst.

Afbeelding 10.9
Stel zelf een verzamel-cd met uw favoriete nummers samen.

3 Klik op **Branden starten** wanneer de lijst naar wens is.

4 Windows vraagt om een lege cd-r in de cd-writer. Plaats deze en wacht tot het branden is voltooid.

 Afspeellijsten

Op vergelijkbare wijze maakt u afspeellijsten; dit zijn lijsten met nummers die u graag in een bepaalde volgorde afspeelt. Klik daartoe eerst op de tab **Afspelen** rechtsboven en sleep de gewenste nummers naar het deelvenster rechts, waar nu **Niet-opgeslagen lijst** staat. Is de lijst naar wens, klik dan in het veld **Niet opgeslagen lijst** en voer een naam in. De afspeellijst verschijnt in de structuur en u kunt de afspeellijst starten door er daar op te dubbelklikken. Klik met de rechtermuisknop op een afspeellijst om deze te kunnen verwijderen.

Afbeelding 10.10
U maakt snel een of meer eigen afspeellijsten.

Nummers naar een draagbaar apparaat kopiëren

U kunt Windows Media Player gebruiken om muziek naar een mp3-speler of ander draagbaar apparaat te kopiëren. Daartoe maakt u gebruik van de knop **Synchroniseren**, geheel rechts.

1 Klik op de knop **Synchroniseren** in de opdrachtbalk. Sluit desgewenst eerst het draagbare apparaat aan.

2 Sleep de nummers die u wilt kopiëren naar de synchronisatielijst in het deelvenster rechts. Dat kan bijvoorbeeld een heel album zijn, maar ook een bestaande afspeellijst.

3 Sluit het draagbare apparaat op de usb-poort van uw computer aan, mocht dat nog niet zijn gebeurd.

Verwisselbare schijf

Uw draagbare apparaat wordt door Windows 8 gezien als een verwisselbare schijf; daardoor gedraagt het zich als een normale map. U kunt op deze map de normale bestandshandelingen uitvoeren, zoals kopiëren en verwijderen. Wilt u de map handmatig openen dubbelklik dan in de map Computer op de naam van het apparaat.

WMP toont nu de naam en de vrije opslagruimte rechtsboven in het venster.

4 Klik boven in het venster op **Synchronisatie starten**. De bestanden worden gekopieerd. Klik eventueel op **Synchronisatie stoppen** om de synchronisatie te onderbreken.

Na het synchroniseren kunt u het apparaat loskoppelen en van de gekopieerde muziek genieten!

Afbeelding 10.11

Klik op Synchronisatie starten om het synchroniseren te starten.

Niet gelukt?

Mocht uw mp3-speler melden dat er geen bestanden kunnen worden afgespeeld, dan kan het zijn dat u bestanden in wma-indeling hebt gekopieerd terwijl uw mp3-speler hier niet mee overweg kan. Er zit dan niets anders op de cd dan opnieuw te rippen, maar nu in mp3-indeling!

Werken met de multimedia-apps

Windows 8 wordt met enkele apps geleverd waarmee u onder andere foto's en muziek weergeeft. En met de app Video kunt u films kijken. We staan er in deze paragraaf even kort bij stil.

Muziek

De app Muziek geeft u eenvoudig toegang tot uw muziekbibliotheek, en laat u geripte cd's en anderszins verkregen muziekbestanden afspelen. Ook hebt u via de app toegang tot eventuele afspeellijsten die u in Windows Media Player hebt gemaakt.

Afbeelding 10.12
De app Muziek.

In de lijst links selecteert u het overzicht dat u wilt zien: albums, artiesten, nummers of afspeellijsten. Voor de verschillende weergaven zijn diverse sorteeropties beschikbaar, zoals datum van toevoeging, titel en jaar van uitgave.

Om een album af te spelen gaat u als volgt te werk:

1 Selecteer links in de lijst de optie **albums**.

2 Klik op de naam van het album dat u wilt afspelen en klik op **Album afspelen**.

■ **Afbeelding 10.13**
De onvolprezen Amazing Stroopwafels... hard voor weinig!

Wanneer u een album afspeelt verschijnt de appbalk, die u later natuurlijk ook altijd op de reguliere manier kunt openen. Tot de opdrachten die tot uw beschikking staan horen:

■ **In willekeurige volgorde weergeven** Speelt de nummers in willekeurige volgorde af

■ **Herhalen** Herhaalt het afspelen nadat alle nummers de revue hebben gepasseerd.

■ **Vorige, Volgende** Selecteert het vorige of het volgende nummer voor afspelen.

■ **Toevoegen aan afspeellijst** Voegt het album toe aan een bestaande of nieuwe afspeellijst.

3 Klik op de albumhoes/titel in de appbalk om een compleet overzicht van het album weer te geven.

Toevoegen aan Nu afspelen

Klik in de appbalk op de knop **Toevoegen aan Nu afspelen** om een nummer in de wachtrij te zetten van nummers die momenteel worden afgespeeld. Deze knop wordt ook zichtbaar als u op een nummer in de lijst klikt.

Nummers verwijderen

U kunt met de app Muziek nummers uit uw bibliotheek verwijderen. Hiermee wordt het nummer ook uit uw muziekbibliotheek gewist.

Zoeken via Win+F

Via de algemene zoekcharm kunt u naar muziekbestanden zoeken. Als u in de zoekresultaten op een muziekbestand klikt, wordt het meteen afgespeeld.

Foto's en Camera

De app Foto's geeft u snel toegang tot uw foto's, die niet alleen op uw vaste schijf hoeven te staan; ook uw foto's op Facebook en Flickr zijn via de app te bekijken, mits de specifieke accounts aan uw Microsoft-account zijn gekoppeld. Ook foto's op uw SkyDrive kunnen door de app worden getoond: als u op andere apparaten de SkyDrive-app downloadt, kunt u op die manier foto's die op andere apparaten staan bekijken.

■ **Afbeelding 10.14**
De app Foto's.

Alhoewel het kopiëren van foto's naar uw computer wellicht op een andere wijze gebeurt, kan dat ook vanuit de app Foto's. Open de appbalk en klik op **Importeren** om dit te doen.

Wanneer u vanuit het hoofdvenster een map met afbeeldingen opent, kan de app deze als diavoorstelling weergeven. Open de appbalk en klik op **Diavoorstelling**. Breek de voorstelling af door op Esc de drukken. Uiteraard kunt u ook een individuele afbeelding selecteren – dat doet u door erop te klikken. U kunt een geselecteerde foto via de appbalk instellen als afbeelding voor het vergrendelingsscherm, als tegel voor de app en als achtergrond voor de app.

 ## Zelf een fotootje maken?

Start de app Camera en controleer of uw webcam werkt. Is het beeld op het scherm naar wens, klik dan ergens op het scherm om een foto te nemen. U vindt de foto vervolgens terug in de afbeeldingsbibliotheek, submap Camera-album.

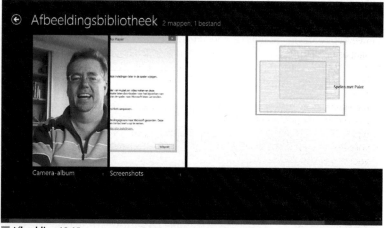

■ **Afbeelding 10.15**
De map Camera-album. Het boek is bijna af, dus er mag gelachen worden!

Video

Tot slot van dit hoofdstuk wijzen we u nog op het bestaan van de app Video. In tegenstelling tot wat u wellicht verwacht, wordt de app niet gebruikt om dvd's te bekijken, maar om (online) video te bekijken; het is dus een soort videotheek. Betalen doet u met Microsoft Points, die u via een aan uw Microsoft-account gekoppelde creditcard afrekent. Tijdens het schrijven van dit boek was de prijs voor 500 punten zes euro.

Hebt u films lokaal op uw computer staan, bijvoorbeeld in de map Video's, dan kunt u die ook met deze app afspelen. Kies daartoe in de appbalk de opdracht **Bestand openen** en blader naar de gewenste map.

Index

🎮 **Yindo Tip:** doorzoek de elektronische versie van dit boek kosteloos op **yin.do/5950c**.